致力于中国人的教育改革和文化重建

立 品 图 书·自觉·觉他
www.tobebooks.net
出 品

东海先生作品集 02

《大學》《儒行》精義

仁本主义豪杰榜

余东海 著

中国友谊出版公司

图书在版编目（CIP）数据

《大学》、《儒行》精义：仁本主义豪杰榜 / 余东海著. -- 北京：中国友谊出版公司，2016.9
ISBN 978-7-5057-3849-2

Ⅰ. ①大… Ⅱ. ①余… Ⅲ. ①儒家②《大学》—研究③《儒行》—研究 Ⅳ. ①B222.15

中国版本图书馆 CIP 数据核字（2016）第 217394 号

书名 《大学》、《儒行》精义：仁本主义豪杰榜
作者 余东海
出版 中国友谊出版公司
发行 中国友谊出版公司
经销 新华书店
印刷 三河市华晨印务有限公司
规格 787×1092 毫米 16 开
12.75 印张 85 千字
版次 2016 年 10 月第 1 版
印次 2016 年 10 月第 1 次印刷
书号 ISBN 978-7-5057-3849-2
定价 30.00 元
地址 北京市朝阳区西坝河南里 17 号楼
邮编 100028
电话 （010）64668676

目　录

《大学》精义——最伟大的学问

《儒行》精义——最高尚的品行

《大学》精义

——最伟大的学问

前言

《大学》原为《礼记》中的一篇。程颢、程颐特别重视《大学》，曾分别加以改编，使之独立成篇。朱熹在二程改编的基础上编排，分为“经”“传”，作成章句，加以注释阐发，将它和《论语》《孟子》《中庸》合编为《四书》，朱熹认为其中“经”是曾参记述孔子的话，“传”是曾参门人记述曾参的话。

朱子说：“大学之书，古之大学所以教人之法也。”（《大学章句序》）大学，大人之学。西周官学有小学、大学之分，教学次第从小学升大学。《王制》记载：“天子命之教，然后为学。小学在公宫南之左，大学在郊。天子曰辟雍，诸侯曰泮宫。”意谓诸侯国接受天子办理文化教育事业的命令，然后设立学校。小学设在王宫南方的左边，大学设在郊外。天子设的大学叫辟雍，诸侯设大学的叫泮宫。

《公羊·宣公十五年》注曰：“父老教于校室，八岁者学小学，十五岁者学大学。”《白虎通·辟雍》说：“古者所以年十五入太学何？以为八岁毁齿，始有识知，入学学书计。七八十五，阴阳备，故十五成童志明，入太学，学经术。”

大学之道，指大学的原理、宗旨、方针等，也指大学所教人的次第、内容和不同阶段的目标。《学记》第四章说：

古之教，家有塾，党有庠，术有序，国有学。比年入学，中年考校。一年视离经辨志，三年视敬业乐群，五年视博习亲师，七年视论学取友，谓之小成。九年知类通达，强立而不返，谓之大成。夫然后足以化民成俗，近者悦服而远者怀之，此大学之道也。

大意是说，古时教学，闾中有塾，党中有庠，遂中有序，京都有大学。每年有新生入学，隔一年有一次考试。第一年考查学生分析理解经书的能力，辨别他们的志向；第三年考查是否勤勉于学业、友爱同学，第五年考查知识水平、学习能力和是否尊师；第七年考查研讨学问的造诣与交友之道，合格者为小成。第九年学生具备了丰富的知识，下学上达，大本确立，道德不退，谓之大成，即达到了大学的最高成就。

可见，古时大学除了提升文化知识，更重要的是提升德性、养成人格和化民成俗、近悦远来的政治能力。

熊十力先生曾释《大学》首章，高度评价说："不悟六经宗要，读《大学》可悟其宗要。不得六经体系，读《大学》可得其体系。不识六经面目，读《大学》可识其面目。不会六经精神，读《大学》可会其精神。三纲领八条目，汉唐诸儒皆莫能解。程朱始发其蕴，至阳明而阐其理要。余今采二派之说，而为疏决如右。”（《读经示要》）可惜熊十力先生仅解释首章而止，东海特继之疏解全文，以昭后学。

经文

【原文】

大学之道，在明明德，在亲民，在止于至善。知止而后有定，定而后能静，静而后能安，安而后能虑，虑而后能得。物有本末，事有终始。知所先后，则近道矣。

【注释】

明明德：发扬自性本具的道德光明。明德，指本心本性。前一“明”字是使动用法，彰明、发明义，属于功夫论。

亲民：亲近、亲爱人民。朱熹解“亲”为“新”，即革新、更新义。亲民可以涵盖新民之义，亲爱百姓就应该让百姓弃旧去染，成为新民。

止于至善：抵达最高境界不退。止，朱注："止者，必至于是而不迁之意。"

得：收获。这里特指道德收获。得乎道之谓德。

【新译】

大学之道，在于发扬本性的道德光明，在于亲爱百姓，在于抵达最高境界不退。知道所应达到的目标，然后才能确定志向；确定了志向，然后才能心气宁静；宁静然后才能思想安定；安定然后才能思虑周详；思虑周详然后才能获得道德。万物有根本、有枝叶，万事有结束和发端，知道它们的先后次序，就接近大学之道了。

【解读】

开篇开宗明义提出大学三纲领。大学之道，内圣外王，“明明德”侧重于内，是自立、自达、自成；“亲民”侧重于外，是立人、达人、成人。“止于至善”意味着达到最高境界，内而成就圣德，外而成就王道。

比较而言，“明明德”更为根本，是“亲民”的内在依据。“明明德”即成仁、致良知。明德、仁性、良知心，异名同指。根据本心在造化中所面对不同的环境和情境又有多种称谓。熊十力先生说：

本心即万化实体，而随义差别，则有多名。以其无声无臭，冲寂之至，则名为天；以其流行不息，则名为命；以其为万物所由之而成，则名为道；以其为吾人所以生之理，则名为性；以其主乎吾身，则谓之心；以其秩然备诸众理，则名为理；以其生生不容已，则名为仁；以其照体独立，则名为知；以其涵备万德，故名明德。明德之明，赞词也，言其德明净。(《读经示要》)

明德人人皆有，人人相同，是每个人生命深处的太阳。只不过君子晴空万里，太阳光照十方；小人雾霾重重，太阳黯然无光。儒家八条目，就是驱除雾霾、洗涤天空、还我阳光的八大法门。

儒家还有另一种三纲：君为臣纲，父为子纲，夫为妻纲。此三纲非圣人说，但只要接受五常制约，作为五常的下位法，亦合儒理。《礼记》曰："然后圣人作，为父子君臣，以为纪纲。"班固引《礼纬·含文嘉》曰："纲者，张也。"《诗大雅》曰："追琢其章，金玉其相。勉勉我王，纲纪四方。"法家要求臣子绝对服从君父，儒家则强调君父的表率作用。

“三纲五常”说应该倒过来，“五常”才是纲中之纲，“三纲”要以五常为准，做出儒家特色的理解。现时代提出“三纲”与董仲舒“郡县制家天下”时代不同了。君臣概念还要与时偕宜地作现代解读。君为臣纲，可以理解为：国家领导人要作各级领导和官员的表率，要在各方面起模范带头作用。

内外俱追求最高境界，是主体止于至善；知止，是知道“止于至善”的道理。分而言之，“为人君，止于仁；为人臣，止于敬；为人子，止于孝；为人父，止于慈；与国人交，止于信”。君君臣臣，父父子子，官官民民。知道这些外王要求和目标，就是知止。

佛家以诸行无常、诸法无我、涅槃寂静为三法印，以之为识别佛法高低真伪的三大标准。三纲领也可以说是儒家三法印，一切思想理论，如果有违三纲领，就非儒理，或非儒家之正理。道家以慈、俭、谦退（不为天下先）为三宝，三纲领也可以说是儒家三宝。三家在根蒂处有同有异，大同大异，于此可见。求同者强行混同，将三家相提并论，一视同高；见异者容易批判过度，视对方如仇如敌，水火不容。两种态度都是错误的。

佛家主空寂，道家主虚静，吾儒实证无声无臭、寂然不动之后，更见“空寂之尽头”是“维天之命，于穆不已”；实证坤元“至虚至静之后”，更进一步证得乾元的生生不息、至诚无息，在故能于人道见天性，于人间现天德。知进退存亡而不失其正者，知寂然不动、感而遂通者，其唯孔子乎？其唯儒家乎？

“知止而后有定，定而后能静，静而后能安，安而后能虑，虑而后能得。”知止是知道“止于至善”之道理，知道要通过明明德、亲民而止于至善。如何知道？当然是学习了。儒家特别重视和强调学习的重要性，孔子便自称十五有志于学。

“定”是明白道理的表现，既有定于理，故能静于心。朱熹说：“定是理，静在心。既定于理，心便会静。若不定于理，则此心只是东去西走。”（《朱子语类》）心不能静，一因见识不定，不明于理；二是心为欲役，为欲所牵。所以孟子说“养心莫善於寡欲”，寡欲也是能静的方法之一。静到深处，身心安定，随遇而安，无所不定；虑是思虑的周详，得是道德的收获。思虑精审深入，有得乎道矣。

“物有本末，事有终始。知所先后，则近道矣。”万事万物有本末之别，有始终之分。如大学之道，三纲领为本；三纲领以明明德为本，八条目以修身为本。这里的“身”，包括肉体身和意识心，都归结于仁。仁性良知，可谓人之法身。

孟子说："人有恒言，皆曰天下国家。天下之本在国，国之本在家，家之本在身。"（《孟子·离娄》）可以进一步细化说：身之本在心，心之本在仁。仁者人之本也，人以仁为本也。

除了仁本之仁，无双无对，其他本末多是相对而言。比如国家，相对于天下是本，相对于家为末。因此，除了仁，其他任何东西都不能本位化、主义化，否则就如《春秋》所言，末大必折，尾大不掉。

八条目有其始终，从格物开始，终于治国平天下。不说始终而说终始，意味着始终不是直线型，而是始终相连、终而复始、不断循环。即使治平事业成功，又能博施济众无止境，格致诚正功夫无止境也。

【原文】

古之欲明明德于天下者，先治其国。欲治其国者，先齐其家。欲齐其家者，先修其身。欲修其身者，先正其心。欲正其心者，先诚其意。欲诚其意者，先致其知；致知在格物。物格而后知至，知至而后意诚，意诚而后心正，心正而后身修，身修而后家齐，家齐而后国治，国治而后天下平。自天子以至于庶人，壹是皆以修身为本。其本乱而末治者，否矣。其所厚者薄，而其所薄者厚，未之有也！

【注释】

齐家：管理好家庭或家族。齐家是齐之以礼，家有家礼，族有族规。

格物：认识、研究各种事物和现象。

庶人：平民。

壹是：都是。

本：根本。

【新译】

古时要把仁性的光明推广于天下的人，先要治理好自己的国家；要治理好自己的国家，先要管理好自己的家族；要管理好自己的家族，先要修养好自身；要修养好自身，先要端正自己的心思；要端正自己的心灵，先要真诚自己的意念；要真诚自己的意念，先要让自己获得正知正见，获得正知正见的方法在于研究各种事物和现象。

研究各种事物和现象后获得正知正见，获得正知正见后意念才能真诚，意念真诚后心思才能端正，心思端正后才能修养自身，自身修养好才能管理好家族，家族管理好了才能治理好国家，治理好国家之后天下才能太平。从天子到民众，都要把修养自身作为根本。根本败乱而枝叶整齐，是不可能的。对那应该亲厚者从薄，对那应该从薄者亲厚，是没有这个道理的。

【解读】

明明德属于内圣范畴。侧重于内并非局限于内，盖内外有别而不二，有内者必有其外，必有外在的言行表现和事业追求。明明德为内圣，明明德于天下为外王。

内圣自立、自达、成己，外王达人、立人、成人；内圣明明德，外王亲民；内圣致良知，外王致良制；内圣上达天命，外王道援天下；内圣尽心、尽性、知天，外王亲亲、仁民、爱物；内圣享天爵，外王重人爵；内圣以“而立”为初阶，以“不逾矩”为至境，外王从“齐家”开始，以“平天下”为最高。《尧典》说：“克明俊德，以亲九族。九族既睦，平章百姓。百姓昭明，协和万邦。”克明俊德，修身也；亲九族，齐家也；平章百姓，治国也；协和万邦，平天下也。

要明明德于天下、平天下，先得打好内在功夫，从格致开始，通过诚正修齐，最后才能治国平天下，明明德于天下。熊十力先生赞曰：“经旨广博，《大学》为之总括。三纲八目，范围天地，乾坤可毁，此理不易。”（《读经示要》）

格物、致知、诚意、正心、修身、齐家、治国、平天下，此谓《大学》八条目。格物、致知是研究宇宙人生万物万事，获致自然人文各方面的正确知识，可称为科学精神，求知精神；有了一定的知识特别是文化道德知识，才能学而时习之地付诸于道德实践。

诚意、正心可称为内在实践，齐家、治国、平天下则属于外在实践，即政治社会实践，最后归结于修身。

孔子说："知及之，仁不能守之；虽得之，必失之；知及之，仁能守之，不庄以涖之，则民不敬。知及之，仁能守之，庄以涖之，动之不以礼，未善也。"（《论语·卫灵公》）格致如"知及之"，诚正如"仁能守之"，修齐治平则须"庄以莅之"和"动之以礼"。

格致是内圣外王的知识基础，诚正侧重于内圣学，齐治平侧重于外王学，内圣外王统归于修身。古之学者为己，内圣外王都是为己之学，修身之学。修身是根本，是人生最重要的事。修身重在修心和正心，欲正其心，先诚其意；

欲诚其意，先致其知，致知在格物。

格物之物，指宇宙万物包括人类肉体、意识等一切现象。人类一切实践活动都属于格物，要而言之有三，一是格自然现象，研究物质，开发科技，为科学实践；二是格心灵之物，正心诚意，内在修养，为德性实践；三是格社会之物，为政治社会实践。

政治社会是物之大者，需要好好“格”之，好好研究现实的问题，汲取历史的经验，从而取得正确的政治社会知识，以指导实践，为实践的正确提供最基本的保障。阳明“格物之功只在身心上做”，便显狭隘。

王阳明说：“格物如孟子‘大人格君心’之格，是去其心之不正，以全其本体之正。”这是将格物和诚意两种功夫混同了。格有纠正、格非义，更有推究、穷究、攻研义；物指万事万物的一切现象。格物的正解是：穷究事物道理。致知是获取、求得各种知识，属“下学”范畴，为致良知的基础功夫。

王阳明说“诚意之功只是个格物”，不错，然格物之功并不完全等于诚意，大学将格致和诚正分为两条目，不是没有必要的。格物之功可以在身心上做，身体和意识也是物，格身心是最重要的科学研究和实践，但不能说“格物之功只在身心上做”。格物之功无疑要在身心上做，“只”字下错了，这样就严重淡化了儒家的科技精神及制度精神。

格物之功除了在身心上做，还要在天地万物和政治社会上做。意、心、身、家、国、天下则是“物”之延伸意。八条目相互联系又各有侧重，格物与诚意属于儒家两种修身功夫，同中有异。

道问学和尊德性相辅相成，致知和致良知一体归仁。然次第有别，致知是致良知的初阶或者说入门功夫，致良知是致知的高阶，所谓物有本末，事有终始。“欲修其身者，先正其心；欲正其心者，先诚其意；欲诚其意者，先致其知。致知在格物。”《大学》强调先后次第，良有以也。格物是最基础的功夫，故以之为先。不具备一定的自然科学常识、文化道德常识和政治社会常识，“正诚修齐治平”等条目都难以正常进行。

从格知这两条目，可见儒家对知识的态度与佛道两家不同。儒家特别重视各种知识的学习、获取和积累，故论语首篇第一章强调“学而时习”。大学八条目首揭“格物致知”，以知识为智慧的基础，视下学为上达的跳板。知识、智慧、道德三者相辅相成而步步高升，致良知离不开一定的致知功夫。

有这种现象：有知识没文化，甚至知识越多越愚昧，故佛教有“所知障”说，但责任不在知识，而是缺乏更高远的视界。若因此而轻视和排斥知识，未免因噎废食。其实，只要对各种知识有一个正确的认识和态度，不被局限不被障目，知识越多越好，那是上通智慧、上达天道的桥梁。

八条目中，西方科学擅长格致，却也局限于此；自由主义则局限于政治而缺乏诚正功夫；佛道两家用力于道德，但缺乏格致齐治平等方面的热心。唯我儒家，科学、道德、政治、制度无不重视，个体、家国、天下无不关心，最后归结于修身。如此多管齐下修出来的身，自然是最圆满的。

“其所厚者薄，而其所薄者厚，未之有也！”该重视的不重视，不该重视的却加以重视，没有这样的道理。孟子说："于不可已而已者，无所不已。于所厚者薄，无所不薄也。"

朱熹认为，以上是孔子之言，曾子传述，为经，以下为传，是曾子之意而门人记之。朱熹将它分为十章如下。

传第一章：释“明明德”

【原文】

《康诰》曰：“克明德。”《大甲》曰：“顾諟天之明命。”《帝典》曰：“克明峻德。”皆自明也。

【注释】

《康诰》：《尚书·周书》的一篇。《尚书》是五经之一，称书经。全书分为《虞书》《夏书》《商书》《周书》四部分。

克明德：能够彰明德性。克：能够。原句是“惟乃丕显考文王，克明德慎罚”。

《大甲》：即《太甲》，《尚书·商书》中的一篇。

顾諟天之明命：顾念此上天赋予的光明本性。顾：顾念。諟：古“是”字，犹此之意。明命：即明德。就人而言为明德，就天而言为明命。

《帝典》：即《尧典》，《尚书·虞书》中的一篇。

克明峻德：《尧典》原句为“克明俊德”。峻：意为大、崇高。

【新译】

《康诰》说：“能够发扬光明的品德。”《太甲》说：“顾念尊奉上天赋予的光明禀性。”《尧典》说：“能够弘扬崇高的品德。”都是说要自明其德。

【解读】

本章引用了《尚书》中《康诰》《太甲》《尧典》等圣经之言，说明彰发自心本有光明是夏、商、周历代圣贤的教导。

明德是人之本心、仁心，即“十六字心传”所说的道心，王阳明的良知，人人皆有。孔子说“我欲仁，斯仁至矣”，孟子说“人皆可以为尧舜”，王阳明说“满街都是圣人”，原因就在于此。只要愿意努力，人人都有望自明。

《易经·晋卦》象曰：“明出地上，晋；君子以自昭明德。”自昭明德就是明明德，自昭就是自明，反己体认，彰发自心光明。八条目就是功夫。

如果自明其德，自明其心的人越来越多，到了“人人皆有士君子之行”的时候，就意味着人类文明的高度发展和大同理想的实现。通过大学八条目明明德于天下，就是将道德之光洒遍天下，让人类文明包括政治文明、制度文明、物质文明、科技文明不断提升。文明就是文化和道德的光明。

本章也是性善论的最好说明。本性至善，故能自明，这就间接否定了性恶论，否定了荀子“人之性恶，其善者伪也”的说法。

注意，善有两种，一种是习性之善，相对于恶而言；一种是本性之善，具有超越性，超越善恶对立，超然绝待，可称为超善或至善。王阳明说“无善无恶心之体”，指的就是本性本心。

传第二章：释“新民”

【原文】

汤之《盘铭》曰：“苟日新，日日新，又日新。”《康诰》曰：“作新民。”《诗》曰：“周虽旧邦，其命维新。”是故君子无所不用其极。

【注释】

汤之《盘铭》：汤即成汤，商朝的开国帝王。盘铭：刻在沐浴之盘上的箴言。

苟日新：苟，如果，诚然。新，这里本义是指除去身上污垢，引申为精神新新不已。朱熹说：“汤以人之洗濯其心以去恶，如沐浴其身以去垢。故铭其盘，言诚能一日有以涤其旧染之污而自新，则当因其已新者，而日日新之，又日新之，不可略有间断也。”

作新民：激励人民自新，更新民风，革新民心。作：振作，激励。

周虽旧邦，其命维新：这里的《诗》指《诗经·大雅·文王》。周，周朝。旧邦，旧国。其命，指周朝所禀受的天命。维：语助词，无意义。

无所不用其极：郑注：“极，尽也。言君子欲日新其德，无处不用其心尽力也。言自新之道，唯在尽其心力，更无馀行也。”

【新译】

汤王刻在浴盆上的箴言说："诚能有一天自新，就应保持天天自新，永远不断自新。"《康诰》说："鼓励人民自新。"《诗经》说："周朝虽然是古老的国家，但却禀受了天命自我更新。"所以君子无处不尽心尽力做得最好。

【解读】

明明德是新民的内在驱动，新民则是明明德在政治上的必然表现。有了内圣精神，必有外王追求和新民努力。王道政治对于人民，"庶之富之教之"，"导之以德，齐之以礼，民有耻且格"。这都是亲民新民的表现。

东海曾提出三本论。内圣以仁为本，外王以民为本，内圣统率外王，仁本统摄民本。关于内圣，孟子说："尽其心者，知其性也，知其性则知天矣。”仁，人类本心，生命本性，天之所命。尽心知性知天，就是明明德。关于外王，孟子说：“民为贵，社稷次之，君为轻。”民为贵，自然要亲民新民。仁者必有仁政，仁政必然新民。

人的身体和精神都要经常洗澡，去其染污，不断自新。《易·系辞上》：“富有之谓大业，日新之谓盛德。”孔疏：“其德日日增新。”《礼记·儒行》说“澡身而浴德”；《庄子·知北游》说“澡雪而精神”，也说得好。

汤之《盘铭》是侧重于自励、自立的自达。汉儒徐幹说：“君子之于已也，无事而不惧焉。我之有善，惧人之未吾好也；我之有不善，惧人之未吾恶也；见人之善，惧我之不能修也；见人之不善，惧我之必若彼也。故其向道，止则隅坐，行则骖乘，上悬乎冠緌，下系乎带佩，昼也与之游，夜也与之息。此《盘铭》之谓日新。”东海很多年前有短文《儒家的怕心》，与徐幹不谋而合。

《康诰》“作新民”是将殷民改造为新民之意，侧重于立人达人。曾子引用武王之言，说明政治家要推己及民，有新民之责。朱熹说：“鼓之舞之之谓作，言振起其自新之民也。”（《集注》）

传第三章：释“止于至善”

【原文】

《诗》云：“邦畿千里，惟民所止。”《诗》云：“缗蛮黄鸟，止于丘隅。”子曰：“于止，知其所止，可以人而不如鸟乎？”

《诗》云：“穆穆文王，於缉熙敬止！”为人君，止于仁；为人臣，止于敬；为人子，止于孝；为人父，止于慈；与国人交，止于信。

《诗》云：“瞻彼淇澳，菉竹猗猗。有斐君子，如切如磋，如琢如磨。瑟兮僩兮，赫兮喧兮，有斐君子，终不可喧兮！”“如切如磋”者，道学也；“如琢如磨”者，自修也；“瑟兮僩兮”者，恂栗也；“赫兮喧兮”者，威仪也；“有斐君子，终不可諠兮”者，道盛德至善，民之不能忘也。

《诗》云：“于戏！前王不忘”。君子贤其贤而亲其亲，小人乐其乐而利其利，此以没世不忘也。

【注释】

邦畿千里，惟民所止：引自《诗经·商颂·玄鸟》。邦畿，天子之国，王者之都。止，有停止、居住、栖息等多义。这里是居住义。

缗蛮黄鸟，止于丘隅：引自《诗经·小雅·绵蛮》。缗蛮，即绵蛮，其一众说不一，或谓鸟叫声，或谓形容黄鸟微小的样子。止，栖息。隅，角落。

“穆穆”句：引自《诗经·大雅·文王》。于，叹词。缉，继续。熙，光明。

朱注：“穆穆，深远之意。于，叹美辞。缉，继续也。熙，光明也。敬止，言其无不敬而安所止也。引此而言圣人之止，无非至善。”戴震说：“缉熙者，言续其光明不断也；敬止者，言敬慎其止居不慢也。”

《诗》云：这几句诗引自《诗经·卫风·淇澳》。瞻，看望。淇，淇水，今河南北部。猗猗，美盛的样子。

有斐君子：《诗经》中的句式，凡形容词前加一“有”字，其意与同一形容词重叠相当。有斐即斐斐。陆德明《释文》：“斐，文章貌。”即文采盎然的意思。斐斐，形容有文采。

如切如磋，如琢如磨：朱注："切以刀锯，琢以椎凿，皆裁物使成形质也。磋以鑢钖，磨以沙石，皆治物使其滑泽也。治骨角者，既切而复磋之。治玉石者，既琢而复磨之。皆言其治之有绪，而益致其精也。"

瑟：严肃、矜持的样子。僩：《说文》解释为"武貌"，勇武的样子。

赫兮喧兮：显耀盛大的样子。赫喧为连绵词。

喧：忘记。

恂栗：严厉之义。

于戏！前王不忘：引自《诗经·周颂·烈文》。于戏：叹词。前王：指周文王、周武王。

此以：因此。

没世：去世。

【新译】

《诗经》说：“京都方圆千里，都是人民居止之地。”《诗经》说：“小小的的黄鸟，栖止在山丘的角落。”孔子说：“连黄鸟都知道它该栖止在何处，难道人还能不如鸟吗？”

《诗经》说：“严肃庄重的文王啊，光明延续不断，举止敬慎不慢。”做君主的要做到仁义，做臣子的要做到恭敬，做子女的要做到孝顺，做父亲的要做到慈爱，与国人交往要做到诚信。

《诗经》说：“看那淇水弯弯的岸边，绿绿的竹子郁郁葱葱。文采飞扬的君子，研究学问像加工骨器不断切磋，修炼自己像打磨美玉反复琢磨。他庄重开朗，武毅刚强，容貌轩昂，器宇堂皇。文采飞扬的君子，永远不能让人遗忘。”

所谓“如切如磋”，是指做学问的态度；所谓“如琢如磨”，是指自我修炼的精神；

所谓“瑟兮僩兮”，是指内心谨慎；所谓“赫兮喧兮”，指仪表庄重；所谓“有斐君子，终不可喧兮”，是指品德光大达到了至善境界，让人民难以忘怀。

《诗经》说：“啊呀，前代的君王真使人难忘。”后贤后王都效法他尊重贤人，亲近亲人，让平民百姓享受各自的安乐，获得各自的利益。所以前代君王虽然去世，人们永远不会忘怀。

【解读】

本章解释三纲领之止于至善，强调知止的重要。

物有物的当止之处，人有人的当止之处。作者引用《诗经》《书经》之言，说明物物皆当止之处，又引孔子之言指出，人类作为万物的灵长，更应知其所止。接着引用《诗经·大雅·文王》的诗，说明圣人所止何其美善。然圣人所止之善，也不外乎日用伦常间，君臣父子和人与人之间；不外乎“贤其贤而亲其亲”，尊重贤人和亲近亲人。

最重要的是君即领导人。如果“为人君，止于仁”，像“前王”那样“道盛德至善，民之不能忘也”，何愁政治不文明、制度不良好、社会不和谐、人民不幸福？仁君圣王在位，必然形成君子集团，必能开出德治礼制、王道政治来。王道政治，礼乐刑政，各备其用，自由秩序，两全其美。

“小人乐其乐而利其利”这句话值得深长思。某些人拿“大公无私”的政治道德来要求于民众，把“自私自利可耻”的错误理念广泛植入民众头脑。殊不知，政治上的大公无私，意味着制度公正，法律公平，政务公开，政府有效维护每个国民的正当权益和合法财产；意味着领导阶级奉公守法，为政无私；意味着主权在民，天下为公，选贤与能，王道平平。

黄宗羲批判君主大恶之一是：“使天下之人不敢自私，不敢自利，以我之大私为天下之大公。”（《明夷待访录》）让平民百姓享受各自的安乐，获得正当的利益，正是王道政治题中应有之义。

“欲治其国者，先齐其家。欲齐其家者，先修其身。”“君子贤其贤而亲其亲，小人乐其乐而利其利”，这些规定，有效阻断了集体主义和个人主义双边的通路，也可以消除某些学者将儒家政治等同于集体主义的重大误会。

集体主义的思想本质是以集体为本，把集体放在个体前面，不能“小人乐其乐而利其利”；其经济制度是公有制，无论怎么市场化，化不了其制度的本质和基础色。个人主义相反，以个体为本，要求保障每个人的权利、利益，客观上有利于集体，包括民族、社会和国家，可谓主观上利己，客观上利他。然由于不识仁性，不知“仁者人之本”，不明“天地万物一体之仁”之理，主观上缺乏爱人利他的冲动，不能“君子贤其贤而亲其亲”，故远逊于仁本主义的圆满。

个人主义缺乏集体精神，个体性有余而集体性不足，道德资源不足。仁本主义与个人主义是高低之分。唯有仁本主义，既重个体亦重集体，个体性和集体性圆满统一。

传第四章：释“本末”

【原文】

子曰：“听讼，吾犹人也。必也使无讼乎！”无情者不得尽其辞。大畏民志，此谓知本。

【注释】

听讼：听人告状而判案，即审案子。

犹人：不异于人，与别的法官一样。

无情者不得尽其辞：不诚实的人不敢花言巧语。情，实情。

大畏民志：使民心充满诚敬。朱熹解释为“畏服民之心智”。郑注：“心服曰畏。”民志：民心。

【新译】

孔子说：“审理诉讼案子，我也和别人一样。最好是没有诉讼发生。”不诚实的人不敢巧言狡辩，使民心充满诚敬，这就叫作懂得了根本的道理。

【解读】

“无情者不得尽其辞”，当事人不敢肆意巧言狡辩，这是从内心里畏服，懂得道德自律，是道德教化已经深入人心的表现。孔子说：“导之以德，齐之以礼，有耻且格。”又说：“民无信不立”。“无情者不得尽其辞”和“大畏民志”，就是“有耻且格”和“民信之矣”的表现。这是抓住了政治的根本。

朱熹说：“引夫子之言，而言圣人能使无实之人不敢尽其虚诞之辞。盖我之明德既明，自然有以畏服民之心志，故讼不待听而自无也。观于此言，可以知本末之先后矣。”

本章“子曰”句另见于《论语·颜渊》。孔子不以听讼为难，而以使民无讼为贵，“无讼”是孔子最高司法理想和心目中的理想政治。“无讼”的关键在于政治有道，领导有方。《韩诗外传·卷三》记载：“传曰：鲁有父子讼者，康子欲杀之。孔子曰：未可杀也，夫民不知父子讼之为不义久矣，是则上失其道。上有道，是人亡矣。讼者闻之，请无讼。”

鲁国有父子二人打官司，季康子想要杀了这对父子。

孔子制止说："不能杀，民众已长时间不知道父子打官司是不义的行为，这是政治无道造成的。如果施政者能够以身作则加以引导，这种现象就会消失了。"这对父子听说后，就撤销了诉讼。

这个故事在《荀子·宥坐》和《孔子家语·始诛》都有记载。

《汉书·韩延寿传》记载，韩延寿巡行所管辖之县："恩信周遍二十四县，莫复以辞讼自言者。推其至诚，吏民不忍欺绐。"这就是无讼，这就是大畏民志。

宋桂万荣撰写、明吴讷删补的《棠阴比事》中介绍韩琚的故事："韩琚通判虔州，民有伪作寃状，悲愤叫呼，似若可信。琚摄郡究其风俗，考其枉直，莫之能欺。民皆以为不寃。"对韩延寿是不忍欺，对韩琚是不能欺，这就是差距。

多种官私文献中记载，宋代民风好讼。《宋会要·刑法二之一三七》记载，南宋开禧年间："州县之间，顽民健讼，不顾三尺，稍不得志，以折角为耻，妄经翻诉，必侥幸一胜。则经州、经诸司、经台部技穷，则又敢轻易妄轻朝省，无时肯止。"沈括在《梦溪笔谈》中记载，当时有一本很流行的书叫《邓思贤》，教人用尽一切卑鄙手段打官司。这就是"无情者不得尽其辞"的反面，无情者争尽其辞，是民德低下的表现。

传第五章：释“格物致知”

【原文】

此谓知本，此谓知之至也。

【注释】

此谓知本：这一句与上章重复，程子认为是衍文。

此谓知之至也：这就叫作认识的彻底。朱熹认为此句之上别有阙文，这一句只是结语。而阙文应该是解释“格物致知”的。他为此特意作了“格物致知”章的文字补入。虽非《大学》原文，但有助于对“格物致知”这一条目的理解，特照录于下。

【朱熹补文】

右传之五章，盖释“格物致知”之义，而今亡矣，闲尝窃取程子之意补之，曰：“所谓致知在格物者，言欲致吾之知，在即物而穷其理也。盖人心之灵莫不有知，而天下之物莫不有理，惟于理有未穷，故其知有不尽也。是以《大学》始教，必始学者即凡天下之物，莫不因其已知之理而益穷之，以求至乎其极。至于用力之久，而一旦豁然贯通焉，则众物之表里精粗无不到，而吾心之全体大用无不明矣。此谓物格，此谓知之至也。”

【解读】

对于知识的态度，儒道两家大不同。庄子说：“吾生也有涯，而知也无涯。以有涯随无涯，殆矣。”此言反知，把知识和智慧割裂了，不知正确的知识是开智升德的必须。

儒家下学上达，以学习各种知识为上达智慧和道德的台阶。大学以格物致知为八条目之首，可见对知识的重视。这里的物包括物质精神一切现象，知也就包括宇宙万物、人间万事及众生生命的一切知识。

传第六章：释“诚意”

【原文】

所谓诚其意者，毋自欺也。如恶恶臭，如好好色，此之谓自谦。故君子必慎其独也！

小人闲居为不善，无所不至，见君子而后厌然，掩其不善而著其善。人之视己，如见其肺肝然，则何益矣？此谓诚于中，形于外，故君子必慎其独也。

曾子曰：“十目所视，十手所指，其严乎！”富润屋，德润身，心广体胖。故君子必诚其意。

【注释】

诚其意：使意念真诚。

毋：不要。

恶恶臭：就像厌恶腐恶的气味。臭，气味。

好好色：喜爱美丽的女子。

谦：同“慊”，满足，惬意。

闲居：即独处。

厌然：遮遮掩掩的样子。郑玄谓“闭藏貌”，朱熹意同。

揜：通“掩”：遮掩，掩盖。

著：显示。

中：指内心。下面的“外”指外表。

润屋：装饰房屋。润身：修养自身。

心广体胖：心胸宽广，身体舒泰安康。胖，大，舒坦。朱注：“胖，安舒也。”

【新译】

使意念真诚的意思是说，不要自我欺骗。就像厌恶腐恶的气味，就像喜爱美丽的女人，这才叫心安理得。所以，君子一定能够慎独。

小人独处时干坏事，无所不为，见到君子然后遮遮掩掩的样子，掩盖不好的一面，显露好的一面。别人看他们，就像看见他们的心肺肝脏一样，又有什么用呢？这就叫内心的真实一定会表现到外表。所以君子一定要慎独。

曾子说：“十只眼看着，十只手指着，这不是很严厉吗？”财富用以装饰房屋，品德用以修养身心，使心胸宽广身体舒泰。所以君子一定要使自己意念真诚。

【解读】

本章强调诚意的重要，诚意的关键是慎独功夫。慎独，谨慎于独处的行为。深一层说，指谨慎于内心的意念。

诚于中必形于外。孔子说：“君子不失足于人，不失色于人，不失口于人。是故君子貌足畏也，色足惮也，言足信也。”（《礼记・表记》）这就是形于外的表现。

如何形于外？仁者必有勇，仁者必然爱人，爱人必有仁行，这是形之于行为；有德者必有言，这是形之于言论；君子敬而无失，与人恭而有礼，这是形之于举止；孟子曰：“君子所性，仁义礼智根于心。其生色也，睟然见于面，盎于背，施于四体，四体不言而喻。”这是形之于身体和颜色。这就是德润身和心广体胖。

诚于中还可以形之于眸子。孟子说：“存乎人者莫良于眸子，眸子不能掩其恶。胸中正则眸子瞭焉，胸中不正则眸子眊焉。听其言也，观其眸子，人焉廋哉？”（《孟子・离娄》）《中庸》说得好：“夫微之显，诚之不可掩如此夫！”

朱熹说："然欲揜其恶而卒不可揜，欲诈为善而卒不可诈，则亦何益之有哉！此君子所以重以为戒，而必谨其独也。"

这个"诚"字功能最大，也最难得，被《中庸》视为天之道，"诚之"为人之道。所谓"诚之"，就是诚意正心致良知，以德配天。天性健，天道至诚不息，君子自强不息。无论为政为文，修身修辞，只要立其诚，一切问题都不是问题。诚到极致便会通灵，写起文章来，"下笔若有神助"。

诚于言是诚其意的重要表现。于德功言，圣贤君子必有所立，有条件则立德立功，无条件则立言。立言的功德也很大，前提是言论必须实事求是、如实如理、正确无误。这就是诚于言，就是《易经》所说的"修辞立其诚"。君子无妄言、无戏言。一切不合事实、不合正理的思想言论都是妄言戏论，轻则有罪过，重则是罪恶，世法或不惩罚，恶果仍须自尝。

传第七章：释“正心修身”

【原文】

所谓修身在正其心者，身有所忿懥则不得其正，有所恐惧则不得其正，有所好乐则不得其正，有所忧患则不得其正。心不在焉，视而不见，听而不闻，食而不知其味。此谓修身在正其心。

【注释】

忿懥：愤怒，发怒。亦作“忿疐”或“忿懫”。郑注：“懥，怒貌也。或作懫，或为疐。”《大戴礼记·武王践阼》：“杖之铭曰：恶乎危？于忿疐；恶乎失道？于嗜欲；恶乎相忘？于富贵。”

【新译】

之所以说，修身在于端正自心，是因为心有愤怒就不能端正，心有恐惧就不能端正，心有逸乐就不能端正，心有忧虑就不能够端正。心不在自己身上，虽看却像没有看见，虽听却像没有听见，虽在吃却不知道什么滋味。这就是说，修身在于端正自心。

【解读】

正心比诚意更进一步。诚意是意念真诚，能够慎独，不自欺欺人。但是，仅此还不够，还要让喜怒哀惧爱恶欲之情发而中节，非礼勿视、非礼勿听、非礼勿言、非礼勿动，这才是正心。故诚意之后接着正心，诚意方能正心，正心方能修身。

心正，并非没有七情六欲，没有忿懥、恐惧、好乐、忧患，而是七情六欲发而中节，不以忿懥、恐惧、好乐、忧患动其心。孟子自称“四十不动心”“不动心有道”，孟子的道是“我知言，我善养吾浩然之气。”养气之法则是集义。

集义就是不断追求义理、尽义务、发义言、做义事，像守财奴集合金币似的集合正义，就可养浩然之气，放良知之光。孟子说：“其为气也，至大至刚；以直养而无害，则塞于天地之间。其为气也，配义与道；无是，馁矣。是集义所生者，非义袭而取之也。行有不慊於心，则馁矣。”（《孟子·公孙丑上》）

其为气也，配义与道，浩然之气就是正义之气，道义之心。正其心，包括对政治正义、社会公正的追求和维护。心正则身正。《论语》孔子一再强调执政者本身“身正”的重要性。子曰：“其身正，不令而行；其身不正，虽令不从。”（《论语·子路》）又说：“苟正其身矣，于从政乎何有？不能正其身，如正人何？”《论语·颜渊》说：“政者正也，子帅以正，孰敢不正。”

类似说法和观点，为儒家经典和传统古籍所常见。孟子说：“身不行道，不行于妻子；使人不以道，不能行于妻子。”《吕氏春秋·先己》记载，孔子见鲁哀公，哀公曰：“有语寡人曰：为国家者，为之堂上而已矣。寡人以为迂言也。”孔子曰：“此非迂言也。丘闻之，得之于身者得之人，失之于身者失之人。不出于门户而天下治者，其惟知反于己身者乎。”

自立方能立人，自正方能正人，执政者以身作则，方能令出民服。在国家这个系统内，君德官德民德，相互影响关系密切，一优俱优、一损俱损，同时又有本末主次之别。官民之间，官德居于主导地位。孔子说：“君子之德风，小人之德草，草上之风必偃。”君官民之间，君德居于主导地位。

君指领导人。作为最高执政者和政治家之首，正其心就显得特别重要。所以儒家强调“春秋责备贤者”、“格君心之非”和“正君心”。孟子说：“君仁莫不仁，君义莫不义，君正莫不正。一正君而国定矣。”朱熹认为，天下事有大根本，有小根本。正君心是大本。程颐说：“天下重任唯宰相与经筵：天下治乱系宰相，君德成就责经筵。（《续资治通鉴》）”

如果不能正心，心不在焉，就是孟子说的“放心”。孟子认为，学问之道无非就是求其放心，把心放纵、迷失了的心追求回来，回到仁宅义路上来。孟子说：“仁，人心也；义，人路也。舍其路而弗由，放其心而不知求，哀哉！人有鸡犬放，则知求之；有放心而不知求。学问之道无他，求其放心而已矣（《孟子·告子上》）。”

传第八章：释“修身齐家”

【原文】

所谓齐其家在修其身者：人之其所亲爱而辟焉，之其所贱恶而辟焉，之其所畏敬而辟焉，之其所哀矜而辟焉，之其所敖惰而辟焉。故好而知其恶，恶而知其美者，天下鲜矣！故谚有之曰：“人莫知其子之恶，莫知其苗之硕。”此谓身不修，不可以齐其家。

【注释】

之：即“于”，对于。

辟：偏颇，偏向。

哀矜：同情，怜悯。

敖：骄傲。惰：怠慢。

硕：大，肥壮。

【新译】

之所以说齐家在于修身，是因为人们对于所亲爱的人会有偏爱，对于所鄙弃的人会有偏恶，对于所敬畏的人会有偏向，对于所怜悯的人会有偏袒，对于所轻慢的人会有偏见。因此，喜爱一个人而能发现其缺点、厌恶一个人而能知道其优点的，天下罕见。所以有谚语说："都不知道自己孩子的缺点，都不满足自己庄稼的茁壮。"这就是不修身不能齐家的道理。

【解读】

齐家的家包括家族和家庭。“有夫有妇然后为家。”(《周礼》注)“室为夫妇所居，家谓一门之内。”(《诗》注)孟子说：“数口之家，可以无饥矣。”《左传》：“女有家男有室，无相渎也。”《公羊解诂》：“是故圣人制井田之法而口分之，一夫一妇受田百亩，以养父母妻子，五口为一家。”这都是指家庭。

庶、士、大夫、诸侯和天子，家的规模大小各异，但都有其家，从士开始都有齐家的责任，都要治理好各自的家。家长以身作则地对家庭成员进行道德教化和礼制约束，对于非礼行为进行相应处罚，都属于齐家范畴。齐家与治国同理，都要克服感情偏私，排除各种偏见，正己正人，处事公正，赏罚分明，一视同仁。

“人莫知其子之恶，莫知其苗之硕。”这条古代谚语，说明溺爱者不明，贪得者无厌，都是偏之为害，是家之所以不齐的重要原因。现代社会不能齐家的原因无数无量，溺爱无度和贪婪无厌仍是其中重要两条。

修身是齐家的前提。孟子说：“身不行道，不行于妻子；使人不以道，不能行于妻子。”（《孟子·尽心下》）《诗经》说：“刑于寡妻，至于兄弟，以御于家邦。”（《大雅·思齐》）赞美周文王能够为嫡妻和兄弟做好示范典型，进而治理好国家。修齐是治平的前提条件。能齐家未必能治国，不能齐家必不能治国，必不能为政。故儒家外王学从齐家始，先家后国。

齐家是齐之以礼，以礼制及家礼教导和约束家庭成员。

家人若违礼违法，家长就要依礼处理，还要承担相应责任。衡以儒家标准，五四至今，国人能齐家、有家教者，多乎哉？不多也。父不父子不子、夫不夫妻不妻的现象司空见惯。

“好而知其恶，恶而知其美者，天下鲜矣！”不仅对亲人族人，对各种人和事物也一样，最难如理如实，实事求是。例如，某些人把孙蒋举为圣人和道统传人，是“之其所亲爱、之其所畏敬而辟焉”，过誉了，忽略了他们德智言行事功种种不足；某些人把清朝斥为夷狄，是“之其所贱恶而辟焉”，过贬了，忽略了清朝是中华偏统，有一定的儒家之风文明之范。

元明清这些中华偏统政权，既能以儒家道统为指导思想，又由于种种原因又偏离了中道，有善有不善，争议特别大。唯有儒眼看史，好而知其恶，恶而知其美，既不过度拔高，也不完全否定，而是如理如实地评价之。这才是君子的公道眼，才能让历史发挥镜子的作用。

传第九章：释“齐家治国”

【原文】

所谓治国必先齐其家者，其家不可教而能教人者，无之。故君子不出家而成教于国。孝者，所以事君也；弟者，所以事长也；慈者，所以使众也。

《康诰》曰：“如保赤子。”心诚求之，虽不中，不远矣。未有学养子而后嫁者也。

【注释】

教：教育，教化。

弟：悌，敬爱兄长。

如保赤子：出自《尚书·周书·康诰》，原文“若保赤子”，是周成王告诫康叔的话，意谓保护人民如母亲养护婴孩一样。赤子，婴孩。

中：符合，达到目标。

【新译】

之所以说治理国家必须先齐家，是因为不能齐家而能教化别人，是没有的事。所以君子不出家门而能成功地教化邦国。孝顺父母可以移于侍奉君主，恭敬兄长可以移于侍奉师长，慈爱子女可以移于统治民众。

《康诰》说：“如同爱护婴儿一样。”内心真诚地追求爱民，即使达不到目标，也不会相差太远。没有先学会了养孩子然后出嫁的人吧！

【解读】

孝、悌、慈诸德，是用以修身齐家的，但事君、事长、使众之道也不外乎此。齐家治国，范畴不同，精神相通。

敬天保民，是《尚书》中心思想和儒家政治大义。“如保赤子”是要求政治家对于民众，要有父母之心。这是儒家特别强调的一点。孔子曰：“夫民之父母乎，必达于礼乐之原，以致五至，而行三无，以横于天下，四方有败，必先知之。此之谓民之父母矣。”孟子再三以“为民父母”之说引导人主行仁政。荀子说：“君子者，天地之参，万物之总，民之父母”“汤武者民之父母也”……孔子、子夏、曾子、子思、孟子，对“民之父母”阐释角度有所不同，立场完全一致。

《洪范》“天子作民父母”。《大戴·礼记》中孔子说，民众“归之如流水，亲之如父母”，是执政者最大的快乐，远远超过辩论的快乐。子曰：“辨言之乐，不若治政之乐；辨言之乐不下席；治政之乐皇于四海。夫政善则民说，民说则归之如流水，亲之如父母；诸侯初入而后臣之，安用辨言（《大戴礼记·小辨》）？”

《孝经》说“民之父母”是“至德”的表现。注意，威严不碍慈悲，执法不碍为民父母，关键要尊重民意，合乎公道。“左右皆曰可杀，勿听；诸大夫皆曰可杀，勿听；国人皆曰可杀，然后察之。见可杀焉，然后杀之。故曰国人杀之也。如此然后可以为民父母（《孟子》）。”

有了父母之心，自能导之以德，齐之以礼。孔子说：“夫民，教之以德，齐之以礼，则民有格心；教之以政，齐之以刑，则民有遁心。故君民者，子以爱之，则民亲之；信以结之，则民不倍；恭以莅之，则民有孙心（《礼记·缁衣》）。”

大意是说，对于民众，以道德教化之，以礼法约束之，他们就会有向善之心；用政令教育之，用刑法约束之，他们就会有逃避之心。所以领导人应像爱护子女一样爱护他们，他们就会亲近；用诚信团结百姓，他们就不会背叛；用恭敬的态度对待他们，他们就会也有顺逊之心。

有了父母之心，自能视民如伤，顾恤民众疾苦，不去轻易打扰，把民众当作伤病者一样。《左传·哀公元年》说：“臣闻国之兴也，视民如伤，是其福也。”孟子说：“文王视民如伤”（《孟子·离娄》），赵岐注：“视民如伤者，雍容不动扰也。”孙奭疏：“言文王常有恤民之心，故视下民常若有所伤，而不敢以横役扰动之。”视民如伤，爱民如子，不扰民是基本要求之一。

【原文】

一家仁，一国兴仁；一家让，一国兴让；一人贪戾，一国作乱，其机如此。此谓一言偾事，一人定国。尧舜率天下以仁，而民从之；桀纣率天下以暴，而民从之。其所令反其所好，而民不从。是故君子有诸己而后求诸人，无诸己而后非诸人。所藏乎身不恕，而能喻诸人者，未之有也。故治国在齐其家。

【注释】

一人贪戾：一人，指最高统治者。前面“一家”指皇室，即最高统治者家族。贪戾：贪，贪婪。戾，乖张，暴戾。

机：本指弩箭上的发动机关，引申指关键，根本。

偾：覆败，败坏。

【新译】

一家仁爱，一国都会兴起仁爱；一家礼让，一国都会兴起礼让；一人贪婪暴戾，一国就会犯上作乱。事情的缘由就是这样，这叫作一句话就会坏事，一个人就能安定国家。

尧舜以仁爱统治天下，民众随之仁爱化；桀纣以凶暴统治天下，民众就随着凶暴化。如果政治命令与自己的实际行为相反，民众就不会服从。所以君子总是自己先做到然后才要求别人做到，自己不那样做然后才要求别人不那样做。自己身上没有没有仁恕之心，却希望别人，明白仁恕之道，那是不可能的。所以要治国必须先齐家。

【解读】

恶有三性：一是不可预测性，一个人一旦恶化，别人很难预料他会做出怎样的恶事来；二是不可控不可逆性，很多恶行一旦发动，后果不可控制，自己和相关之人的厄运就掀开序幕了；三是强烈的传染性，你恶我比你更恶，尤其容易自上而下传染，高层一人为恶，举国恶棍成堆。

这“三性”也是善的特性，道德的特性。

“尧舜率天下以仁，而民从之；桀纣率天下以暴，而民从之。”讲得就是善和恶强烈广泛的传染性，自上而下传染。陆贾说：“尧舜之民，可比屋而封；桀纣之民，可比屋而诛者，教化使然也。”（《新语 · 无为》）圣王在位，教化良好，风俗淳美，家家有德，堪受旌表；暴君在上，世风日下，道德败坏，恶人众多。

《孟子·公孙丑上》引用了孔子一句话："德之流行，速于置邮而传命。"形容的也是道德的这一特性。道德的传播比邮驿系统传递政令还要迅速。

孔子这句话没有收入《论语》等经典，但收录在三种文献中，除了《孟子》，一是《郭店楚墓竹简·尊德义》："为古率民向方者，唯德可。德之流，速乎置邮而传命。"一是《吕氏春秋·上德》："三苗不服，禹请攻之。舜曰：以德可也。行德三年，而三苗服。孔子闻之曰：通乎德之情，则孟门、太行不为险矣。故曰德之速，疾乎以邮传命。"

"君子有诸己而后求诸人，无诸己而后非诸人"，意谓"有善于己，然后可以责人之善；无恶于己，然后可以正人之恶"（朱熹语）。《韩诗外传》说："有君不能事，有臣欲其忠；有父不能事，有子欲其孝；有兄不能敬，有弟欲其从令。诗曰：受爵不让，至于己斯亡。言能知于人，而不能自知也。”这是不能自知，也就是“无诸己而求诸人”的反常表现。

本章反复强调以身作则，这是为人为政、待人接物都应该遵守的原则，也是“恕道”原则的阐发，具有广泛的普适性。

【原文】

《诗》云：“桃之夭夭，其叶蓁蓁。之子于归，宜其家人。”宜其家人，而后可以教国人。

《诗》云：“宜兄宜弟。”宜兄宜弟，而后可以教国人。

《诗》云：“其仪不忒，正是四国。”其为父子兄弟足法，而后民法之也。此谓治国在齐其家。

【注释】

“桃之夭夭”句：引自《诗经·周南·桃夭》。夭夭，鲜嫩、美丽的样子。蓁蓁，茂盛的样子。之子，是子，这个女子。于归，往归，指女子出嫁。

“宜兄宜弟”：引自《诗经·小雅·蓼萧》。

“其仪不忒”句，引自《诗经·曹风·鸤鸠》。仪，仪表，仪容。忒，差错。

孔疏：“言在位之君子威仪不有差错，可以正长是四方之国，言可法则也。”

【新译】

《诗经》说："鲜美桃花，枝叶茂密，这个姑娘出嫁了，让家人和睦适宜。"让家人和睦适宜，然后才能教化国人。《诗经》说："兄弟和睦相处。"兄弟和睦相处，然后才能教化国人。《诗经》说："容貌举止没有差错，可以表率四方国家。"一个人作为父子和兄弟时都值得人效法，然后民众才会去效法他。这就是要治国必须先齐家的道理。

【解读】

这一段引用《诗经》进一步说明"治国在齐其家"之理。

家者，包括家庭和家族。齐家是依礼制要求规范家人家族，有奖有惩，奖惩结合。家天下时代家国同构，帝王更是家国一体，齐家治国关系特别密切，约束王族才能示范国人，齐家以礼才能为政以德。

齐家不能作狭隘化理解。史有“孔门三世出妻”之说，指孔丘、孔鲤、孔伋三代都出过妻。孟子曾子也都曾出妻，不能因此说他们不能齐家。根据礼制规定，对包括妻子在内的家族成员的非礼行为，轻则批评，重则离异，都是齐家的表现。

传第十章：释“治国平天下”

【原文】

所谓平天下在治其国者，上老老而民兴孝，上长长而民兴弟，上恤孤而民不倍。是以君子有絜矩之道也。

【注释】

老老：孝敬老人。前一个“老”字使动用法。

长长：尊重长辈。前一个“长”字使动用法。

恤：体恤，周济。孤：孤儿，幼年丧父者。

不倍：互相爱护意。郑注：“民不倍，不相背弃也。”倍通“背”，背弃。

絜矩之道：泛指道德规范和政治规则。絜，量度。矩，画直角或方形用的尺子，引申为法度、规则。

【新译】

之所以说平天下在于治理好自己的国家，是因为在上位的人尊敬老人，民众就会兴起孝顺之风；在上位的人尊重长辈，民众就会兴起敬上之风；在上位的人体恤孤儿，民众就不会相互背弃。所以君子有其为人、为政的规矩。

【解读】

平天下的平字值得深长思。平者，内则气和心平，外则政治公道、法律公正、社会公平。内平自心外平社会。“无偏无党，王道荡荡；无党无偏，王道平平；无反无侧，王道正直”（《洪范》），王道政治大同理想，归根结底就在于“平”。岂但平天下，正心诚意齐家治国，都离不开平字。

要平天下，先要能治国。老老，长长，恤孤，这是治国必须做到并做好的三件事。朱熹说：“言此三者，上行下效，捷于影响，所谓家齐而国治也。亦可以见人心之所同，而不可使有一夫之不获矣。是以君子必当因其所同，推以度物，使彼我之间各得分愿，则上下四旁均齐方正，而天下平矣。”

孟子说：“老而无妻曰鳏，老而无夫曰寡，老而无子曰独，幼而无父曰孤。此四者，天下之穷民而无告者。文王发政施仁，必先斯四者。”意谓文王施行仁政时，必定优先考虑这四种人。

《周礼》建立了系统的社会保障制度包括养老制度。《地官司徒》规定大司徒的职责之一就是负责养老工作。

老老，即孟子说的“老吾老以及人之老”。敬老养老这个工作做得好不好，是衡量政治品质的重要标准。儒家非常重视养老，至少从夏商开始，历代政府都有一定的养老制度，为老人提供生活保障并相对优裕。

养老是王道政治的必须。北海之滨的伯夷，东海之滨的太公，不谋而合地说：“盍归乎来，吾闻西伯善养老者。”仁人志士纷纷投奔。所以孟子说：“天下有善养老，则仁人以为己归矣。”又说：“所谓西伯养老者，制其田里，教之树畜，导其妻子，使养其老。五十非帛不暖，七十非肉不饱，不暖不饱，谓之冻馁。文王之民，无冻馁之老者，此之谓也。”（《孟子·尽心上》）可见周文王重视保障老人生活。

【原文】

所恶于上，毋以使下；所恶于下，毋以事上；所恶于前，毋以先后；所恶于后，毋以从前；所恶于右，毋以交于左；所恶于左，毋以交于右。此之谓絜矩之道。

【新译】

如果厌恶上司的某些行为，就不要如此对待下属；如果厌恶下属的某些行为，就不要如此对待上司；如果厌恶前人的某些行为，就不要如此对待后辈；如果厌恶后辈的某些行为，就不要如此对待前人；如果厌恶右边的人某些的行为，就不要如此对待左边的人；如果厌恶左边的人的某些行为，就不要如此对待右边的人。这就是絜矩之道。

【解读】

这一段具体介绍絜矩之道，即“己所不欲，勿施于人”。恕道，是为人为政、治国平天下的要道。郑注：“絜矩之道，善持其所有以恕于人耳。治国之要尽于此。”

西哲亦有类似言论，在古希腊哲学中很普遍，例如，泰利斯说：“避免做一些别人做了你会责怪的事。”伊索克拉底说：“别人对你做了会惹你怒的事，你也不要做于别人。”诸如此类，可见恕道和絜矩之道，是人心之所同然，只不过，西人思想不如儒学中正耳。

【原文】

《诗》云：“乐只君子，民之父母。”民之所好好之，民之所恶恶之。此之谓民之父母。

《诗》云："节彼南山，维石岩岩。赫赫师尹，民具尔瞻。"有国者不可以不慎。辟则为天下僇矣。

《诗》云："殷之未丧师，克配上帝。仪监于殷，峻命不易。"道得众则得国，失众则失国。

【注释】

乐只君子，民之父母：快乐的君子，人民的父母。诗引自《诗经·小雅·南山有台》。乐，快乐，喜悦。只，语助词。郑笺认为是指示代词："只之言是也"，也通。

"节彼南山"句：引自《诗经·小雅·节南山》。节，高大的样子。岩岩，险峻的样子。赫赫，威严的样子。师尹，太师尹氏，太师是周代的三公之一。具，俱。尔，你。瞻，瞻仰，仰望。

辟：偏僻。

僇：通“戮”，杀戮。

“殷之未丧师”句：引自《诗经·大雅·文王》。师，民众。配，符合。仪，宜。监，鉴戒，观察。峻，大。不易，不容易保有。朱注：“言殷未失天下之时，其德足以配乎上帝矣。宜以为鉴而自省焉，则知天命之难保矣。”

【新译】

《诗经》说：“快乐的君子，民众的父母。”民众喜欢的他也喜欢，民众厌恶的他也厌恶，这就是民众的父母。

《诗经》说：“巍峨的南山，岩石高高耸立。显赫的尹太师，民众都仰望着你。”国家统治者不可不谨慎。出了差错就会被天下人推翻。

《诗经》说:“殷朝没有丧失民心时，能够符合天命。应以殷朝为借鉴，守住天命大不易。”这就是说，得到民心就能得国，失去民心就会失国。

【解读】

《诗经》“乐只君子，民之父母”“恺悌君子，民之父母”，二句为历代圣贤大儒所乐引。《中庸》提出“为天下国家有九经”，其中之一就是“子庶民”，以庶民为子。

接着引用《诗经》说明失去民心就会失去天命、失去天下的道理，即俗话所说的失民心者失天下。这是一个政治规律和历史定律，是因果律在政治和历史层面的作用。不相信这个定律者，主要是没有注意到滞后效应。从失民心到失天下有一个过程——由于种种原因造成滞后效应，某些政权在民心全失之后，还可惯性和人为地坚持一阵子。

父母之心的表现之一是：“民之所好好之，民之所恶恶之。”类似说法，屡见《尚书·皋陶谟》说：“天聪明，自我民聪明；天明畏，自我民明威。”《泰誓》说：“天矜于民，民之所欲，天必从之。”又说：“天视自我民视，天听自我民听。抚我则后，虐我则仇。”

这就是儒家的民本原则，是儒家第一政治原则，在国与民、君与民、鬼神与民等关系中，以民为本。民本有三大义：一是主权在民，权为民所授；二是把国民利益放在第一位，利为民所谋；三是尊重民意和民之好恶，“民之所好好之，民之所恶恶之”。

民本概念最早出自《尚书·五子之歌》，原句是：“民惟邦本，本固邦宁。”自此以来，有大量经典言论阐说，表述最到位的是孟子：“民为重，社稷次之，君为轻。”（《孟子·尽心》）在民、国、君三大政治要素中，民排在第一位。

注意，民本位并非民族本位（民族主义），也不完全等于民权本位（民权主义）——尽管民权非常重要。以民为本与“以君为主”不矛盾，即“主权在民”与“治权在君”。民本原则中的主权在民，在家天下时代受到一定程度的侵蚀，民众的选举权监督权不足。

关于“民之所好好之，民之所恶恶之”，孟子有一段话可视为很好的注解。孟子说：

桀纣之失天下也，失其民也；失其民者，失其心也。得天下有道，得其民，斯得天下矣。得其民有道，得其心，斯得民矣。得其心有道，所欲与之聚之，所恶勿施尔也。

民之归仁也，犹水之就下、兽之走圹也。故为渊驱鱼者，獭也；为丛驱爵者，鹯也；为汤武驱民者，桀与纣也。（《孟子·离娄》）

孟子这段话和本章“道得众则得国，失众则失国”这句话，也是主权在民的宣示。因为主权在民，故得民心者得天下；因为主权范畴，民即是天，故得民心者即是得天心、得天命。

【原文】

是故君子先慎乎德。有德此有人，有人此有土，有土此有财，有财此有用。德者，本也；财者，末也。外本内末，争民施夺。是故财聚则民散，财散则民聚。是故言悖而出者，亦悖而入；货悖而入者，亦悖而出。

【注释】

此：这，则。刘淇《助字辨略》："斯也，乃也。"

外本内末：以本为外，以末为内，意谓疏远根本，亲近枝叶。

争民施夺：争民，与民争利。施夺，施行劫夺。

悖：逆。

【新译】

所以君主首先要谨慎于德行。有德行才能得人拥护，得人拥护才能拥有土地，拥有土地才能有财富，有财富才能供给用度，德行是根本，财富是枝叶。疏远根本，亲近枝叶，就会与民争利，劫民之财。所以聚敛财富，人民就会离散；散财于民，人民就会团聚。所以有逆命发出来，也会有逆辞送进耳朵；财货来路不正常，也会不正常地失去。

【解读】

这里的君子就位而言，同于君主。君主必须以德为本，以财为末，如此才能正确地运用财富，用来团结人民，凝聚民心，以维护政权的稳定持久。

孟子说："诸侯之宝三：土地、人民、政事。宝珠玉者，殃必及身。"（《孟子·尽心》）有德此有人，有人此有土，有土此有财，有德就有三宝，德为宝中之宝，所以下面接着说："惟善以为宝""仁亲以为宝"。

外本内末、争民施夺的政治是野蛮乃至邪恶的。野蛮导致衰败，其强大就意味着衰败的开始；邪恶必然灭亡，其兴起就埋伏着灭亡的因子。这是历史的因果和规律。换言之，野蛮的强大缺乏内在力量，其兴也勃其亡也速；邪恶的兴盛伴随内忧外患，货悖而入亦悖而出。任何野蛮势力和邪恶集团，都不可能摆脱这个历史律和因果律。

《易经》说“厚德载物”，《中庸》说“不诚无物”，把这两个物理解为财货，这两句圣经之言同样成立。货悖而入者，必悖而出，国家如此，家庭亦如此。野蛮之人，邪恶之家，纵然发了大财也留不住。水往低处流，人才和钱财则相反，都喜欢往文明和道义的高地流动。那些缺德的暴发户都会很快返贫，甚至赔掉性命和儿孙，这是财富悖出的时候所支付的高额利息。

财向高处流是符合人性之常、道德之常的一种自然流动。通过特权和抢劫坑骗手段，争民施夺，也能发财，而且往往发得特别快，爆炸式的大发。这反常态、暂时性的财富逆流，改变不了东海“财向高处流”规律。巨额的不义之财无异于灾难，仿佛不定时炸弹，若不炸毁自己，往往遗祸子孙，历史现实事例无数无量。

【原文】

《康诰》曰：“惟命不于常。”道善则得之，不善则失之矣。

《楚书》曰：“楚国无以为宝，惟善以为宝。”舅犯曰：“亡人无以为宝，仁亲以为宝。”

【注释】

惟命不于常：天命无常。命，天命，大命。于，有。不于常，没有常，即无常。郑注：“言不专佑一家也。”

《楚书》：郑注以为“楚昭王时书也”，朱熹章句以为即《楚语》。《国语·楚语下》记载，楚昭王派王孙圉出使晋国。晋国赵简子问楚国珍宝白珩还在否。王孙圉答道，白珩只是玩物而已，楚国从不把其当珍宝，而是以观射父那样的善人为宝。刘向《新序》中也有类似的记载。

“舅犯”句：晋文公重耳的舅舅狐偃，字子犯。“仁亲以为宝”是他对重耳说的话。亡人，流亡的人，指重耳。

【新译】

《康诰》说：“天命无常。”这就是说，行善道就得到它，不行善就失去它。

《楚书》说："楚国没有什么宝，只是把善当作宝。"舅犯说："流亡在外的人没有什么宝，把仁爱当作宝。"

【解读】

天命无常，这个观点在《尚书》中多次提到。《咸有一德》说："天难谌，命靡常。常厥德，保厥位。"《蔡仲之命》说："皇天无亲，惟德是辅；民心无常，惟惠之怀。"《多士》说："天命靡常，唯德是辅。"《君奭》说："天不可信，我道惟宁王德延。"诸如此类，都是强调天命与道德的紧密关系。如果缺失道德，就会丧失天命，政权也就要转移了。所以，不仅王道政治以德为本，就是春秋霸道，也颇重德。

这里提到的舅犯，是晋文公的舅舅狐偃。晋僖公四年十二月，晋献公因受骊姬的谗言，逼迫太子申生自缢而死。

重耳避难逃亡在外在狄国时，晋献公逝世。秦穆公派人劝重耳趁机返回夺取君位。子犯劝阻说："孺子其辞焉。丧人无宝，仁亲以为宝。"重耳从善如流。这件事说明晋文公君臣颇重道德，能够内本外末。

重耳复国成功后，在赏从龙之功时说过一段话："夫导我以仁义，使我肺腑开通者，此受上赏；辅我以谋议，使我不辱诸侯者，此受次赏；冒矢石犯锋镝，以身卫寡人者，此复受次赏。故上赏赏德，其次赏才，又其次赏功。"导仁义开肺腑，师道也，而臣之，故终非王道；然他懂得上赏赏德，宜其成就霸业也。齐桓晋文，相继称霸。孔子曾评判两人说："晋文公谲而不正，齐桓公正而不谲。"（《论语·宪问》）然复须知，晋文公谲而不正，是相比齐桓公而言。此人德性虽然略逊于齐桓公，也是颇为了不起的。

【原文】

《秦誓》曰："若有一个臣，断断兮无他技，其心休休焉，其如有容焉。人之有技，若己有之。人之彦圣，其心好之，不啻若自其口出，实能容之，以能保我子孙黎民，尚亦有利哉！人之有技，媢疾以恶之。人之彦圣，而违之俾不通，实不能容，以不能保我子孙黎民，亦曰殆哉！"唯仁人放流之，迸诸四夷，不与同中国。此谓唯仁人为能爱人，能恶人。

【注释】

《秦誓》：《尚书·周书》之一篇。秦穆公伐郑，到了崤地，为晋国所败，穆公归后作此誓以告诫群臣。

断断：形容真诚善良。朱注："诚一之貌"，孔疏"守善之貌”。

休休：宽宏大量。一说形容好善的样子。《尚书》孔疏引王肃解释为“好善之貌”。

彦圣：指德才兼备。彦，美好。圣，通明。

不啻：不仅、不止、相当于的意思。啻，但，异于。

媢疾：妒嫉。孔疏：“传以‘冒’为覆冒之‘冒’，谓蔽障掩盖之也。‘疾’谓疾恶之，谓憎疾患害之也。见人之美善通圣而违背之，不从其言；壅塞之，使不得上通，皆是佞人害贤之行也。”

违之俾不通：压制他使他不能通达，不被重用。违，阻抑，阻挠。俾：使。

放流：流放。

迸：即“屏”，驱逐。

四夷：四方之夷。

中国：指中华，华夏，与四夷相对。

【新译】

《秦誓》说：“如果有这样一位大臣，忠诚老实，没什么特别的本领，但他心胸宽广，有容人之量。别人有本领，他就如同自己有一样；别人德才兼备，他心悦诚服，一如自己口中所说。诚能容纳重用这种人，是可以保护我的子孙和百姓，可以为他们造福的！如果别人有本领，就妒忌厌恶他；别人德才兼备，便想方设法压制排挤，使他不能通达。诚能容纳重用这种人，是不能保护我的子孙和百姓的，而且危险得很。”只有仁者能够流放他们，把他们驱逐到四夷之地去，不与他们同住于中国。这就是说，仁者知道怎样爱人，也知道怎样憎人。

【解读】

在《资治通鉴》中，在叙述了智伯有才无德、自取灭亡的史实之后，司马光有一段“臣光曰”的评论，指出智伯之亡的原因是“才胜德”，接着阐说了儒家的德才观。他说：

“夫聪察强毅之谓才，正直中和之谓德。才者，德之资也；德者，才之帅也……是故才德全尽谓之圣人，才德兼亡谓之愚人，德胜才谓之君子，才胜德谓之小人。凡取人之术，苟不得圣人君子而与之，与其得小人，不若得愚人。何则？君子挟才以为善，小人挟才以为恶。挟才以为善者，善无不至矣；挟才以为恶者，恶亦无不至矣。愚者虽欲为不善，智不能周，力不能胜，譬之乳狗搏人，人得而制之。小人智足以遂其奸，勇足以决其暴，是虎而翼者也，其为害岂不多哉……故为国为家者，苟能审于才德之分而知所先后，又何失人之足患哉！”

《秦誓》中秦穆公说的“有一个臣”，就是司马光所说的“德胜才”的君子。本经开头就强调：“物有本末，事有终始，知所先后，则近道矣。”知道德本才末，德先才后，就是知所先后的表现。

“唯仁人为能爱人，能恶人。”对于为恶者，对于嫉贤妒能不能容人者，无论有没有才能，仁者也不会纵容，不与同中国。

【原文】

见贤而不能举，举而不能先，命也。见不善而不能退，退而不能远，过也。好人之所恶，恶人之所好，是谓拂人之性，灾必逮夫身。是故君子有大道，必忠信以得之，骄泰以失之。

【注释】

命：轻慢。郑注："命读为慢，声之误也。举而不能使君以先己，是轻慢于举人也。"

拂：逆，违背。

灾必逮夫身：灾难必然降临到身上。逮：及、到。夫：助词。

骄泰：骄横侈肆。

【新译】

发现贤才而不能推举，推举了而不能让贤人居于前列，是轻慢；发现恶人而不能辞退，辞退了而不能远离，这是过错。喜欢人所厌恶的，厌恶人所喜欢的，这是违反人性，灾难必定降落到身上。所以君主有大道，必是忠诚信义就能实践它，骄横侈肆就会背离它。

【解读】

本段进一步强调举贤的重要性。

见贤而不能举，有蔽贤之嫌。孟子说：“言无实不祥。不祥之实，蔽贤者当之。”（《孟子·离娄》）贤者受到压制，不得其用，有德无位，不祥莫大焉。不祥的结果，蔽贤者要承担。见贤而不能举，固然不行；举而不能先，也是轻慢。这样的标准，非常人所能也。

好善而恶恶，这是人性之常。如果反过来，好恶而恶善，喜欢邪恶而厌恶善良，崇拜盗贼而憎恨圣贤，那就反常了，就是拂人之性。诬蔑儒家，诋毁孔孟，泼污正人君子，也是拂人之性，比一般性蔽贤更恶，不祥莫大焉，后患莫大焉。

《大戴礼记》说："大罪有五：逆天地者，罪及五世；诬文武者，罪及四世；逆人伦者，罪及三世；诬鬼神者，罪及二世；杀人者，罪止其身。故大罪有五，杀人为下。"《孔子家语》中也有同样说法并为"孔子曰"。五种罪恶中，杀人罪最轻，由刑法处治，其余罪及二三四五世的罪，则非刑法所惩。孟子云，君子之泽，五世而斩。逆天地者，罪及五世，相当于说，逆天之恶，五世而斩，其余以此类推。

对于人性，儒家主张提升、优化，但不能反人性。例如，极“左”时期“越穷越光荣”的宣传，“大公无私”的要求，让人民不敢致富不敢自私不敢自利，就是反人性的。君子有大道，大道一定符合人性之常。

这里的君子指有位者，即君主。大道，指修身治国的正常法则，就是本经所说的大学之道，也包括下一章的生财之大道。朱熹说：“道，谓居其位而修己治人之术。”拥有忠信之德，就能走上大道，内明明德，外亲人民；如果骄横侈肆，就会背离大道，走上邪路。

【原文】

生财有大道：生之者众，食之者寡，为之者疾，用之者舒，则财恒足矣！仁者以财发身，不仁者以身发财。未有上好仁而下不好义者也，未有好义其事不终者也，未有府库财非其财者也。

【新译】

生财有大道：生产财富的人多，消费财富的人少，管理财富的人勤快，使用财富的人节省，那么，财富就经常充足了。仁者以财富修养生命，不仁者以生命聚敛财富。没有君主喜好仁德而下面的人却不喜好道义的，没有喜好道义却半途而废的，没有国库里的财物不属于君主的。

【解读】

生财有大道，一要生之者众，为之者疾；一是好仁好义，以义为利。朱熹说："上好仁以爱其下，则下好义以忠其上；所以事必有终，而府库之财无悖出之患也。"有大道自然就有小道，大道反过来就是小道：以身发财，以财为本，德本财末，利益挂帅，唯利是图，争民施夺。孟子说“上下交争利而国危”。

儒家的义利观是义本位，见利思义，以义导利，先义后利。儒家讲义，“利在其中矣”，个体、民众、民族、国家利益都在其中了。文化人和政治家先天下之忧而忧，政府维护国民的基本权利和利益，制民之产，庶之富之，是儒家道义题中应有之义。《易经》说：“义者利之和”，利益的合宜和谐就是义。

“仁者以财发身，不仁者以身发财。”这是两种截然不同的财富观。以财发身，是以德为本，以财富为修身立德之助，财富多多益善；以身发财，是身为财役，唯财主义，拜金主义，财富成了目的，人成了财富的工具。

“未有上好仁而下不好义者也”句强调了仁义的根本性

和领导人模范带头作用的重要性。孟子说："君仁莫不仁，君义莫不义，君正莫不正。一正君而国定矣。"（《孟子·离娄上》）董仲舒说："故为人君者，正心以正朝廷，正朝廷以正百官，正百官以正万民，正万民以正四方。四方正，远近莫敢不壹于正。"（《汉书·董仲舒传》）正君心成了历代儒家的共同期盼。

【原文】

孟献子曰："畜马乘不察于鸡豚，伐冰之家不畜牛羊，百乘之家不畜聚敛之臣。与其有聚敛之臣，宁有盗臣。"此谓国不以利为利，以义为利也。长国家而务财用者，必自小人矣。彼为善之，小人之使为国家，灾害并至。虽有善者，亦无如之何矣！此谓国不以利为利，以义为利也。

【注释】

孟献子：鲁国大夫，姓仲孙名蔑。

畜：养。乘：用四匹马拉的车。畜马乘是士人初作大夫时的待遇。

察：细察，关注。

伐冰之家：古时卿大夫家，丧祭时用冰保存遗体。伐，击。

百乘之家：拥有百辆车的人家，指有封地的诸侯之家。

聚敛之臣：搜刮钱财的官吏。聚，聚集。敛，征收。

长国家：国家之长，指君王。

无如之何：没有办法。

必自小人：必由小人引导。朱注："自，由也，言由小人导之也。"

"彼为善之"句：不太通顺，姑且勉强翻译之。朱熹怀疑有阙文误字。

【新译】

孟献子说："大夫之家不关注鸡猪，卿大夫家不养牛羊，诸侯之家不养擅聚敛的家臣。与其有聚敛的家臣，不如有偷盗的家臣。"因此说，国家不以财货为利益，而以仁义为利益。统治国家却一心聚敛财货，必然是有小人教唆，而那君主还以小人为善，让他们去治国，导致天灾人祸一齐降临。虽有善人，也没有办法了。因此说，国家不以财货为利益，而以仁义为利益。

【解读】

本章之义，领导人与民同好恶，上亲贤而下乐利，各得其所，这就是絜矩之道与平天下的功夫。本段强调，国家要以义为利，而不能以利为利，不能与民争利。道义是最大的利益，是利益之母。

聚敛之臣比盗臣危害更大。窃货曰盗，盗臣谓盗窃钱财的官吏；聚敛之臣相当于“加强中央财政汲取能力”的能手。国人多恨贪污腐败，不知“聚敛之臣”可怕亿万倍。“盗公为损盖微，敛民所害乃大。”此之谓也。

孔子主张“施取其厚，事举其中，敛从其薄”。作为季氏家宰的弟子冉求，为之聚敛而附益之。《孟子·离娄上》也载：“求也为季氏宰，无能改于其德，而赋粟倍他日。”遂遭孔子严厉批评：“非吾徒也，小子鸣鼓而攻之可也（《论语·先进》）。”

孟子说“上下交争利而国危”，上上下下都唯利是图，国家就危险了。儒家以与民争利为政治大忌。荀子说：“上重义则义克利，上重利则利克义。故天子不言多少，诸侯不言利害，大夫不言得丧，士不言通货财；有国之君不息牛羊，错质之臣不息鸡豚，冢卿不修币，大夫不为场园；从士以上皆羞利而不与民争业，乐分施而耻积臧。然故民不困财，贫窭者有所窜其手（《荀子·大略》）。”

类似说法常见于历代儒家著作。汉儒韩婴说：“天子不言多少，诸侯不言利害，大夫不言得丧，士不通财货、不贾於道。故驷马之家不恃鸡豚之息，伐冰之家不图牛羊之入，千乘之君不通货财，家卿不修币施，大夫不为场圃，委积之臣不贪市井之利，是以贫穷有所欢而孤寡有所措其手足也（《韩诗外传》）。”

唐儒陆贽说：“圣人之立教也，贱货而尊让，远利而尚廉。天子不问有无，诸侯不言多少。百乘之室，不畜聚敛之臣。夫岂能忘其欲贿之心哉？诚惧贿之生人心而开祸端，伤风教而乱邦家耳。是以务鸠敛而厚其帑椟之积者，匹夫之富也；务散发而收其兆庶之心者，天子之富也。”（《奉天请罢琼林、大盈注二库状》）讲的都是不能与民争利的道理。

禁止商贾从政，禁止官员及其近亲经商，是历代儒家传统的制度性做法，就是为了有效防止权力阶层与民争利。唐律规定：“凡官人身及同居大功以上亲，自执工商，家专其业，皆不得入仕。”在所有古代儒家王朝中，清朝品质最低，但仍能坚持不与民争利这一原则。经过数十年休养生息，到乾隆时国力鼎盛，这是清朝力行富民政策的结果。李勤《试析清前期工商管理法律制度中不与民争利的思想及其表现》一文，从手工业、矿业、商业税收、商人资格管理、行会和商帮组织等制度设置阐述了这一思想的具体表现。

《大学》原文

大学之道，在明明德，在亲民，在止于至善。知止而后有定，定而后能静，静而后能安，安而后能虑，虑而后能得。物有本末，事有终始。知所先后，则近道矣。

古之欲明明德于天下者，先治其国。欲治其国者，先齐其家。欲齐其家者，先修其身。欲修其身者，先正其心。欲正其心者，先诚其意。欲诚其意者，先致其知；致知在格物。物格而后知至，知至而后意诚，意诚而后心正，心正而后身修，身修而后家齐，家齐而后国治，国治而后天下平。自天子以至于庶人，壹是皆以修身为本。其本乱而末治者，否矣。其所厚者薄，而其所薄者厚，未之有也！

《康诰》曰："克明德。"《大甲》曰："顾諟天之明命。"《帝典》曰："克明峻德。"皆自明也。

汤之《盘铭》曰："苟日新，日日新，又日新。"《康诰》曰："作新民。"《诗》曰："周虽旧邦，其命维新。"是故君子无所不用其极。

《诗》云："邦畿千里，惟民所止。"《诗》云："缗蛮黄鸟，止于丘隅。"子曰："于止，知其所止，可以人而不如鸟乎？"

《诗》云："穆穆文王，於缉熙敬止！"为人君，止于仁；为人臣，止于敬；为人子，止于孝；为人父，止于慈；与国人交，止于信。

《诗》云："瞻彼淇澳，菉竹猗猗。有斐君子，如切如磋，如琢如磨。瑟兮僩兮，赫兮喧兮，有斐君子，终不可喧兮！”“如切如磋”者，道学也；“如琢如磨”者，自修也；“瑟兮僩兮”者，恂栗也；“赫兮喧兮”者，威仪也；“有斐君子，终不可諠兮”者，道盛德至善，民之不能忘也。

《诗》云：“于戏！前王不忘”。君子贤其贤而亲其亲，小人乐其乐而利其利，此以没世不忘也。

子曰：“听讼，吾犹人也。必也使无讼乎！”无情者不得尽其辞。大畏民志，此谓知本。

此谓知本，此谓知之至也。

所谓诚其意者，毋自欺也。如恶恶臭，如好好色，此之谓自谦。故君子必慎其独也！

小人闲居为不善，无所不至，见君子而后厌然，掩其不善而著其善。人之视己，如见其肺肝然，则何益矣？此谓诚于中，形于外，故君子必慎其独也。

曾子曰：“十目所视，十手所指，其严乎！”富润屋，德润身，心广体胖。故君子必诚其意。

所谓修身在正其心者，身有所忿懥则不得其正，有所恐惧则不得其正，有所好乐则不得其正，有所忧患则不得其正。心不在焉，视而不见，听而不闻，食而不知其味。此谓修身在正其心。

所谓齐其家在修其身者：人之其所亲爱而辟焉，之其所贱恶而辟焉，之其所畏敬而辟焉，之其所哀矜而辟焉，之其所敖惰而辟焉。故好而知其恶，恶而知其美者，天下鲜矣！故谚有之曰：“人莫知其子之恶，莫知其苗之硕。”此谓身不修，不可以齐其家。

所谓治国必先齐其家者，其家不可教而能教人者，无之。故君子不出家而成教于国。孝者，所以事君也；弟者，所以事长也；慈者，所以使众也。

《康诰》曰："如保赤子。"心诚求之，虽不中，不远矣。未有学养子而后嫁者也。

一家仁，一国兴仁；一家让，一国兴让；一人贪戾，一国作乱，其机如此。此谓一言偾事，一人定国。尧舜率天下以仁，而民从之；桀纣率天下以暴，而民从之。其所令反其所好，而民不从。是故君子有诸己而后求诸人，无诸己而后非诸人。所藏乎身不恕，而能喻诸人者，未之有也。故治国在齐其家。

《诗》云："桃之夭夭，其叶蓁蓁。之子于归，宜其家人。"宜其家人，而后可以教国人。

《诗》云：“宜兄宜弟。”宜兄宜弟，而后可以教国人。

《诗》云：“其仪不忒，正是四国。”其为父子兄弟足法，而后民法之也。此谓治国在齐其家。

所谓平天下在治其国者，上老老而民兴孝，上长长而民兴弟，上恤孤而民不倍。是以君子有絜矩之道也。

所恶于上，毋以使下；所恶于下，毋以事上；所恶于前，毋以先后；所恶于后，毋以从前；所恶于右，毋以交于左；所恶于左，毋以交于右。此之谓絜矩之道。

《诗》云：“乐只君子，民之父母。”民之所好好之，民之所恶恶之。此之谓民之父母。

《诗》云：“节彼南山，维石岩岩。赫赫师尹，民具尔瞻。”

有国者不可以不慎。辟则为天下僇矣。

《诗》云："殷之未丧师，克配上帝。仪监于殷，峻命不易。"道得众则得国，失众则失国。

是故君子先慎乎德。有德此有人，有人此有土，有土此有财，有财此有用。德者，本也；财者，末也。外本内末，争民施夺。是故财聚则民散，财散则民聚。是故言悖而出者，亦悖而入；货悖而入者，亦悖而出。

《康诰》曰："惟命不于常。"道善则得之，不善则失之矣。

《楚书》曰："楚国无以为宝，惟善以为宝。"舅犯曰："亡人无以为宝，仁亲以为宝。"

《秦誓》曰："若有一个臣，断断兮无他技，其心休休焉，其如有容焉。人之有技，若己有之。人之彦圣，其心好之，不啻若自其口出，实能容之，以能保我子孙黎民，尚亦有利哉！人之有技，媢疾以恶之。人之彦圣，而违之俾不通，实不能容，以不能保我子孙黎民，亦曰殆哉！"唯仁人放流之，迸诸四夷，不与同中国。此谓唯仁人为能爱人，能恶人。

见贤而不能举，举而不能先，命也。见不善而不能退，退而不能远，过也。好人之所恶，恶人之所好，是谓拂人之性，灾必逮夫身。是故君子有大道，必忠信以得之，骄泰以失之。

生财有大道：生之者众，食之者寡，为之者疾，用之者舒，则财恒足矣！仁者以财发身，不仁者以身发财。未有上好仁而下不好义者也，未有好义其事不终者也，未有府库财非其财者也。

孟献子曰：“畜马乘不察于鸡豚，伐冰之家不畜牛羊，百乘之家不畜聚敛之臣。与其有聚敛之臣，宁有盗臣。”此谓国不以利为利，以义为利也。长国家而务财用者，必自小人矣。彼为善之，小人之使为国家，灾害并至。虽有善者，亦无如之何矣！此谓国不以利为利，以义为利也。

《儒行》精义

——最高尚的品行

前言

《儒行》应是孔子周游列国自卫返鲁时作，其中与鲁哀公的对话为弟子所记。这篇经文是《礼记》第四十一篇,《孔子家语》第五篇，两篇个别字句有差异，兹据《礼记》。郑玄说：“以其记有道德之所行。儒之言优也，和也。言能安人、能服人也。”儒，含有优秀、和谐、能安人服人等义。

一般的介绍是：“全篇通过孔子与鲁哀公的对话，从自立、容貌、近人、刚毅等方面，向我们展现了一个真正的儒者应有的风范。”或者说：“从各个方面描述了一个真正儒者的行为是什么样子的。”

这是不对的。《儒行》展示的并非一个儒者的风范，而是十六种儒行，即儒者的道德行为，它们有的谦恭，有的刚毅，有的宽裕，有的忧患，有的平易近人，有的特立独行，守死善道。他们各具特色，气象万千，但都属于儒门中人，都有豪杰之气，都是真儒无疑，故孔子最后统之以“仁”。

在《荀子·哀公》和《孔子家语·五仪解》中，鲁哀公曾问孔子怎样任用士人治国。孔子说人有“五仪”，即根据道德层次分为五个等级：庸人、士人、君子、贤人、圣人。《儒行》中所介绍的儒者，圣贤君子士人各种级别都有，最低高于庸人。

古人云，先为豪杰，后为圣贤。士人可谓豪杰之雏形，圣贤则是豪杰之大者。本经介绍了大大小小十六种豪杰，我名之为“仁本主义豪杰榜”。

二程认为《儒行》并非孔子所说：“此书全无义理，如后世游说之士所为夸大之说。观孔子平日语言，有如是者否？”又说：“《礼记》之文多谬误者，《儒行》《经解》非圣人之言也。”（《二程粹言》）所说理由不成立。《儒行》只是如实介绍各种德行，并未加以评判；虽然有些行为表现境界不高，但总体符合儒家原则。康有为在《孔子改制考》中高度称赞《儒行》，并驳程子：

“此篇是孔子为其教所定之行，如佛之有百法明门，禅之有百丈法规。考后汉人行谊，皆与之合。而程子讥为汉儒之说，此不知孔子教术之大者也。如儒有上不臣天子，樊英实行之，而朱子以为行之大过矣。人性万品，而以一律限之，自谓析理于秋毫，岂知圣人之理，广博无量，不可以一端尽哉？”

章太炎晚年对《儒行》一篇也很重视，苏州讲学期间刊有《儒行大意》流通。其中一节小注中说：“凡言儒者，多近仁柔。独《儒行》记十五儒，皆刚毅特立者。窃以孔书泛博，难得要领。今之教者宜专取《儒行》一篇，亦犹古人传授《孝经》也。”

熊十力先生在《读经示要》一书中特别突出《儒行》，将之与《大学》相提并论，予以高度赞肯：“《大学》《儒行》二篇，皆贯穿群经，而撮其要最，详其条贯，揭其宗旨，博大宏深。”又说：“经旨广博，《大学》为之总括。三纲八目，范围天地，乾坤可毁，此理不易。续述《儒行》，皆人生之至正至常，不可不力践者。”

对于《儒行》，古今有不少注释解读，以熊十力先生在《读经示要》中的疏释最佳。然亦有些不够到位之处，如对有的句子刻意深解，对有的儒行过度美化。

兹在前人和熊十力先生基础上再予疏解，以求如理如实，尽善尽美。

对《儒行》的解读，是“东海儒经诠释系列”之一。儒家的优秀，本之于原典和原教旨，不是诠释出来的。但是，如果诠释有误或有偏，流弊堪虞。由于家天下制度越到后来，政治重心越会向君上转移。汉朝以后，尤其是元明清时代，儒家的诠释往往有所偏离，有失中正，例如现实精神有余，理想光芒不足，或贵民有所冷淡，忠君一味强调等。

因此，对儒经进行现代而正确的阐释，是当代儒者的重要责任和义务。例如，本经四次说及“忠德”，都不指向君主或不限于忠君。《中庸章句》朱注：“发己自尽为忠，循物无违谓信。”与后来侧重于忠君不同。在儒家原典中，忠的意思是把心放中正，外忠于人和事，内忠于自心良知。

有学者认为：“原始的经书怎么写并不重要，重要的是要允许后人对经文进行创造性的诠释。只要允许与时俱进的诠释，恶典也可以解释出善义。”东海曰：“诠释固重要，原经更重要，两者不是一个重量级的。恶典纵被解释出善义，锯箭法而已。恶根未去，品质仍劣，但有条件，便会复发。何如儒经，大中至正。”

2015 年 12 月 13 日余东海于南宁

经文

【原文】

鲁哀公问于孔子曰："夫子之服，其儒服与？"孔子对曰："丘少居鲁，衣逢掖之衣。长居宋，冠章甫之冠。丘闻之也：君子之学也博，其服也乡。丘不知儒服。"哀公曰："敢问儒行。"孔子对曰："遽数之，不能终其物。悉数之乃留，更仆未可终也。"

【解读】

讲儒行，先从儒服说起。**君子之学也博，其服也乡**：君子学问渊博，衣服不妨入乡随俗。

丘少居鲁，衣逢掖之衣。长居宋，冠章甫之冠：孔子自称，小时候住在鲁国，就穿鲁国的逢掖之衣；长大了住在宋国，就戴殷代的章甫之冠。逢掖之衣，宽袖之衣。逢，宽大。掖，衣袖。章甫，殷代帽子的名称。

鲁哀公问孔子儒服问题，孔子的回答是“丘不知儒服”。至于儒家的行为表现和特征，因人而异，因时而异，数不胜数，多乎哉？太多了！遽，匆忙。留，迟久。更仆，仆人换班，形容时间很久。孔子为鲁哀公列举了部分，如下。

儒行第一

【原文】

哀公命席。孔子侍曰：儒有席上之珍以待聘，夙夜强学以待问，怀忠信以待举，力行以待取。其自立有如此者。

【解读】

席上之珍以待聘：于道有得，能铺陈上古尧舜美善之道，有待君上聘用。席上之珍，宴席上的佳肴，喻美善之道。晏光曰："君子比德如玉，故称珍焉。"席，铺陈。聘，聘用，郑注："大问曰聘。"

夙夜强学以待问：夜以继日，学而不厌，可以为师矣。若有人求知问学，自当诲人不倦。夙夜，早晚。强学，努力学习。

怀忠信以待举：忠实诚信，期待推举。举，推荐，郑注："举，见举用也。"忠信，《中庸章句》朱注："发己自尽为忠，循物无违谓信。"

力行以待取：孔子说"力行近乎仁"，《中庸》"诚之"五法，最后是笃行。待取，与待举近义，王夫之说："取，亦举也。"

儒家一贯关心现实，关怀社会，热衷参与，视政治为"道援天下"最重要的渠道和途径，为人生最重要的工作和事业。所以孔子说："沽之哉！沽之哉！我待贾者也。"又说："吾岂匏瓜也哉，焉能系而不食？"孔孟周游列国，一生“跑官”不止，目的正在于此。至于成功与否，非所计也。

“不患无位，患所以立；不患莫己知，求为可知也。”（《论语·里仁》）立德如此，可知如此，是否能为人所知，为人所聘问举取，是否能有相称之位，这不是儒者可以自决的，只能交给“天命”去决定。

荀子说：“君子能为可贵，不能使人必贵己。能为可信，不能使人必信己。能为可用，不能使人必用己。故君子耻不修，不耻见污。耻不信，不耻不见信。耻不能，不耻不见用。是以不诱于誉，不恐于诽。率道而行，端然正己。不为物倾侧，夫是之谓诚君子（《荀子·非十二子》）。”

这是孔子向鲁哀公介绍的第一种儒者，最大的特点是自修、自立。忠实诚信又有学问，德才兼备，努力笃行，期待着聘用、询问和推举，期待立人和用世的机会。

儒行第二

【原文】

儒有衣冠中，动作慎；其大让如慢，小让如伪，大则如威，小则如愧，其难进而易退也，粥粥若无能也。其容貌有如此者。

【解读】

衣冠中：衣冠不异于众。孔颖达疏：“在常人中，不自异也。”本经开头孔子“少居鲁，衣逢掖之衣。长居宋，冠章甫之冠”就是“衣冠中”。

动作慎：行为谨慎，慎言慎行。动是行动，作是作为，包括创作、创制。《诗·小雅·巷伯》："寺人孟子，作为此诗。"《礼记·乐记》："然后圣人作为鼗、鼓、椌、楬、埙、篪。"《史记·秦本纪》："夫自上圣黄帝，作为礼乐法度。"

大让如慢：让大利，让大权，让大位，让国让天下，犹如傲慢，犹如完全不把利益权位放在眼里。大让，在重大利益、重大事情、重大问题上的辞让。泰伯三以天下让，伯夷叔齐互让君位，就是大让。

小让如伪：小事谦让，犹如做作。小让，日常生活中的谦让。

大则如威：面对大事情，战战兢兢，犹如有畏。威，畏惧。

小则如愧：处理小问题，小心翼翼，犹如有愧。子夏说："大德不逾闲，小德出入可也。"这个儒者与之有所不同，大德小德都认真对待。

难进而易退，粥粥若无能也：为官前再三考虑，去官时唯恐不速，看上去仿佛柔弱无能的样子。粥粥，柔弱貌，陆德明释文："粥粥，卑谦貌。"孔颖达疏："言形貌粥粥然，如无所能也。"孔子就颇易退。孔子为政，因为季桓子接受齐国的女乐，三日不上朝听政；郊祭之后，又不以礼将祭肉分送给孔子和各大夫，孔子就离开了鲁国，开始周游列国之旅了。

这是第二种儒者，最大的特点谦逊、低调，把君子不争和谦让之德表现得淋漓尽致。

儒行第三

【原文】

儒有居处齐难，其坐起恭敬，言必先信，行必中正，道涂不争险易之利，冬夏不争阴阳之和，爱其死以有待也，养其身以有为也。其备豫有如此者。

【解读】

居处齐难，其坐起恭敬：生活严肃，举止恭敬。居处，指日常起居。齐同“斋”，严肃。难，庄重可畏，郑玄谓“齐难可畏难”。坐起，指坐立等行为举止。

言必先信：言必自信，然后发之，不妄言也。孟子说："有诸己之谓信。"

行必中正：行为不偏不邪。中是中庸，正是正义。

道涂不争险易之利：行不争道，止不选处，行路不争险易。涂同"途"。

冬夏不争阴阳之和：冬天不争暖和，夏天不争凉荫。郑玄谓"止不选处"，停止在哪里都可以。孔颖达疏："冬温夏凉，是阴阳之和，此并为世人所争，唯儒者让而不争。"

爱其死以有待也，养其身以有为也：爱惜生命以等待时机，养护身体以备有所作为。有待方爱其死，有为才养其身。爱其死：不轻死，可以死、可以不死的时候，明哲保身，等待时机。

其备豫有如此者：备豫，有预备。《易经》说“君子居易以俟命”，《中庸》说“凡事豫则立”，说的就是这类儒者。

这是第三种儒者，最大的特点是居易随缘、明哲有备。

儒行第四

【原文】

儒有不宝金玉，而忠信以为宝；不祈土地，立义以为土地；不祈多积，多文以为富；难得而易禄也，易禄而难畜也。非时不见，不亦难得乎？非义不合，不亦难畜乎？先劳而后禄，不亦易禄乎？其近人有如此者。

【解读】

不宝金玉，而忠信以为宝：不重视黄金宝玉，把忠信视为自己的珍宝。

不祈土地，立义以为土地：不追求土地，把道义当作立足的土地。祈，企求。

不祈多积，多文以为富：不追求财富的积累，把学问文章看成财富。积，聚财。

难得而易禄也，易禄而难畜也：不容易罗致，如果来了，就不计较薪酬。虽然薪酬好说，又难以非义久留他。畜，留住。

非时不见，不亦难得乎：非时不见，时机不对、不成熟就不出现，包括非义不进、不仕无道，故不易罗致。非时，时机不适宜。例如，潜龙勿用的时候，就应该龙德而隐，独善其身。《易经·乾文言》："初九曰：潜龙勿用。何谓也？子曰：龙德而隐者也。不易乎世，不成乎名；遯世无闷，不见是而无闷；乐则行之，忧则违之，确乎其不可拔，潜龙也。”

非义不合，不亦难畜乎：道义不合就不合作，所以难以留住。道不同不相为谋也。

先劳而后禄，不亦易禄乎：先努力付出再顾及薪酬，所以很好说话。先劳后禄，相当于先难后获和先事后得。樊迟问仁，孔子说："仁者先难而后获，可谓仁矣。"（《论语·雍也》）意味着艰难的事情抢在人前，收获的时候退居人后。樊迟问崇德，孔子说："先事后得，非崇德与？"（《论语·颜渊》）先事耕耘，再论收获，就是崇德。

近人：待人接物。这里不作平易近人解。

这是第四种儒者，最大的特点是唯义是图、先劳后禄。

儒行第五

【原文】

儒有委之以货财，淹之以乐好，见利不亏其义；劫之以众，沮之以兵，见死不更其守；鸷虫攫搏，不程勇者；引重鼎，不程其力；往者不悔，来者不豫；过言不再，流言不极；不断其威，不习其谋。其特立有如此者。

【解读】

委之以货财，淹之以乐好，见利不亏其义：赠之以金银财宝，诱之以声色犬马，他也不会见利忘义。淹，沉浸。

劫之以众，沮之以兵，见死不更其守：以众人劫持他，以武器威胁他，面临死亡也不改变操守。劫，威胁。沮，恐吓。上一句是见利思义，这一句是见危授命。

鸷虫攫搏，不程勇者；引重鼎，不程其力：遇到猛兽奋力搏击，不考虑自己勇力如何；扛举重鼎，不考虑自己力量够不够。轻贱自己的性命，非儒家风范，有点类似《中庸》所介绍的“北方之勇”，是强者之勇，非君子之勇也，不足为训。孔子说：“一朝之忿，忘其身以及其亲，非惑与？”（《论语·颜渊》）这种儒者，尚有惑在也。郑注：“鸷虫，猛鸟兽也。程，犹量也。”王念孙曰：“不程勇者，当做不程其勇。与下不程其力对文。”

往者不悔，来者不豫：过往的事不追悔，既往不咎；未来的事不预备，顺其自然。郑注：“言儒者有往过之事，虽有败负，不如其意，亦不追悔也；将来之事，其所未见，亦不豫前防备，言已往及未来，平行自若也。”

过言不再：过错之言，不会再说。郑注：“过言不再者，再，更也。言儒者有愆过之言，不再为之。”一说，不给别人第二次说错话的机会。王闿运曰：“人有过言，不使得再进。”

流言不极：对流言也不究其来源。极，寻根究底。郑注：“不极，不问所从出也。”

不断其威：始终保持威严。郑注：“言儒者不蹔绝其威严，容止常可畏也。”

不习其谋：不研究、预习谋略。习，俞樾说是“重”之意，不重视谋略。勇于道义而疏于谋略，这个表现不成熟，或者说不够君子。孔子曾经教训子路：“暴虎冯河，死而无

悔者，吾不与也。必也临事而惧，好谋而成者也。”（《论语·述而》）

这是第五种儒者，最大特点是特立独行、有点莽撞，类似于子路的性格，勇敢有余，智慧不足，非常真，不够大。孔子描述这种类型的儒者，可能就是以子路为原型的。

儒行第六

【原文】

儒有可亲而不可劫也，可近而不可迫也，可杀而不可辱也。其居处不淫，其饮食不溽，其过失可微辨而不可面数也。其刚毅有如此者。

【解读】

儒有可亲而不可劫也，可近而不可迫也，可杀而不可辱也：可以亲近而不可要挟，可以接近而不可逼迫，可以杀害而不可侮辱。

其居处不淫，其饮食不溽：他们日常生活不奢侈，饮食不丰盛。淫，放纵，奢侈。溽，丰厚。郑注：“溽之言欲也，即浓厚也。言儒性既刚毅，故饮食常质不浓厚也。”

其过失可微辨而不可面数也：对他们的过失可以委婉批评，不可当面斥责。微辨，委婉地批评。面数，当面指责。

这是第六种儒者，最大特点是刚强坚毅、宁死不辱。

儒行第七

【原文】

儒有忠信以为甲胄，礼义以为干橹；戴仁而行，抱义而处；虽有暴政，不更其所。其自立有如此者。

【解读】

儒有忠信以为甲胄，礼义以为干橹：以忠信为护身的盔甲，以礼义为抵御的盾牌。干橹，干为小盾，橹为大盾。

戴仁而行，抱义而处：行动尊戴着仁，居住怀抱着义。相当于仁宅义路。

虽有暴政，不更其所：即使面对暴政，也不更改操守。

这是第七种儒者，最大特点是忠信自守，威武不屈。第一种儒者的“自立”，指强学力行而自修立；这里的“自立”，指独怀仁义忠信：都是自立，其义略异。

儒行第八

【原文】

儒有一亩之宫，环堵之室，筚门圭窬，蓬户瓮牖；易衣而出，并日而食。上答之，不敢以疑；上不答，不敢以谄。其仕有如此者。

【解读】

一亩之宫，环堵之室，筚门圭窬，蓬户瓮牖：四句形容住房简陋。郑注："一亩，谓径一步，长百步为亩。若折而方之，则东西南北各十步为宅也。"宫，墙垣。堵，土墙。环堵，四周各一丈的墙。荜门：荆竹所编的门。圭窬：上尖下方状如圭形的门洞。蓬户：蓬草编的门。瓮牖：用破瓮做的窗户。

易衣而出，并日而食：形容衣食不周，一家人只有一件出门的衣服，故需要相互更换才能够出门；两三天吃一顿饭，郑注："二日并一日食。"

上答之，不敢以疑：君上有所咨询，不敢以没有把握的话进言。上答之，郑注："谓国君以利弊见询，儒者陈说，而上能应用也。"答，指采纳其言。

上不答，不敢以谄：君上不问，不谄曲以逢迎。

这是第八种儒者，已经入仕，最大特点是清贫廉洁、忠诚悬直，海瑞式的人物。

儒行第九

【原文】

儒有今人与居，古人与稽；今世行之，后世以为楷。适弗逢世，上弗援，下弗推，谗谄之民，有比党而危之者。身可危也，而志不可夺也；虽危，起居竟信其志，犹将不忘百姓之病也。其忧思有如此者。

【解读】

今人与居，古人与稽；今世行之，后世以为楷：生活在当代，却与古人默契；今生今世的行为，可以成为后世的楷模。稽，稽合，郑注："稽犹合也。"《正义》："楷，法式也。"

适弗逢世，上弗援，下弗推，谗谄之民，有比党而危之者：生不逢时，所向不遇，上面没人提拔，下面没人举戴；那些谄媚奸佞之民，又有结党陷害他的。政治无道，民德民智往往低下，难免有些谗谄之民结党为非，危害正人君子。

身可危也，而志不可夺也；虽危，起居竟信其志，犹将不忘百姓之病也：身体可能遭到危害，志向却不可动摇；虽然身处危难，始终伸张着他的志向，并且不忘百姓的疾苦。郑注："起居，犹举事动作。信读伸。言众虽危亡，而行事举动，犹能伸己之志谋，不变易也。"竟，始终。信，伸张。

这是第九种儒者，我最欣赏尊崇的一种，也应该是本经罗列的儒者中最为优秀的，特借《中庸》这段话赞美之："君子和而不流，强哉矫；中立而不倚，强哉矫。国有道，不变塞焉，强哉矫；国无道，至死不变，强哉矫！”

这一类最大的特点是信念坚定、意志坚强、心怀天下、民胞物与，先天下之忧而忧，后天下之乐而乐，吉凶与民同患。

《易经·系辞》：“是故蓍之德圆而神，卦之德方以知，六爻之义易以贡，圣人以此洗心，退藏于密，吉凶与民同患。”要能够吉凶与民同患，必须通达易理，具有洗心功夫，能够“退藏于密”。这个“密”，即“道心惟微”的“道心”，“允执厥中”的“中”，即子贡叹息不得而闻的“性与天道”。能够退藏于此，便是“以天地万物为一体”的大人，仁民爱物之心，自然勃勃不容已。

熊十力先生说：“儒者当昏乱之世，其志气上同于天。其前识，远烛未来，而知当世之所趋，孰为迷失道以亡，孰为开物成物而吉。其前，至此为句。其定力，则独挽颓流，而特立不惧。其大愿，则孤秉正学以烁群昏。百兽踯躅，而独为狮子吼。虽所之与世左，上弗援，下弗推，儒者身穷而道不穷也（《读经示要》）。”

儒行第十

【原文】

儒有博学而不穷，笃行而不倦，幽居而不淫，上通而不困；礼之以，和为贵，忠信之美，优游之法；举贤而容众，毁方而瓦合。其宽裕有如此者。

【解读】

博学而不穷，笃行而不倦：《中庸》诚之功夫五步骤，博学、审问、慎思、明辨、笃行，自博学始，至笃行终，终而复始。能够“博学而不穷，笃行而不倦”，审问、慎思、明辨等功夫自在其中矣。

幽居而不淫，上通而不困：幽居于人所不睹、不闻之地，心不放纵、不妄动，这是慎独功夫；通达天道天理，自然没有困惑，一切无惑。上通即上达，能够博学、审问、慎思、明辨、笃行，当然可以上达了。

礼之以，和为贵，忠信之美，优游之法：礼之用，和为贵。以，用也。忠信为礼之本，故美；温和是礼之用，故以为法。优游，温和。

举贤而容众，毁方而瓦合：推举贤者，宽待众人，收敛锋芒，平易近人。毁方瓦合，去掉棱角，以有利于团结。毁方瓦合，郑注："去已之大圭角，下与众人小合也。"宽裕，宽大、宽容义。

虽然包容众人，毁方瓦合，但博学、笃行、慎独、有礼，自有原则，《中庸》"和而不流，强哉矫"说的正是这种儒者。

《尚书·君陈》说:“尔无忿疾于顽,无求备于一夫。必有忍,其乃有济;有容,德乃大。”能够宽裕容众,自然有忍,自然不会忿疾于顽和求备于一夫。

举贤而容众,是亲仁和泛爱众的表现。亲仁必能举贤,爱众必能容众。子夏的门人向子张询问“交友之道”的时候,子张的回答是:“君子尊贤而容众,嘉善而矜不能。”尊贤而容众,以之为“交友之道”,不尽妥帖;以之为“为政之道”,则非常正确。

这是第十种儒者,最大的特点是博学笃行、下学上达、休休有容、宽容大度。

儒行第十一

【原文】

儒有内称不辟亲，外举不辟怨；程功积事，推贤而进达之，不望其报；君得其志，苟利国家，不求富贵。其举贤援能有如此者。

【解读】

内称不辟亲，外举不辟怨：推荐人才，内不避亲属，外不避有私怨者。如祁奚举其子祁午，是内称不辟亲；举仇人解狐，是外举不辟怨。称，称赞，举荐。怨，指有私怨私仇者。

程功积事，推贤而进达之，不望其报：考察他们的功劳，汇集他们的事迹，推荐贤才使他们得到上峰任用，并不望得到回报。程，考察。积，汇集。

君得其志，苟利国家，不求富贵：使君主得到贤才，行其意志；只要于国家有利，不求个人富贵。

这是第十一种儒者，最大特点是居心公正、举贤与能。

儒家特别强调知贤荐贤。《尚书·秦誓》赞美这样一种臣："如有一介臣，断断猗无他技，其心休休焉，其如有容。人之有技，若己有之；人之彦圣，其心好之，不啻如自其口出，是能容之。"大意是说，别人有能力，好像自己的一样；别人美好明哲，他从心里喜欢，超过了他口头的称道。此人于民一定很能包容。

《荀子·解蔽》说："鲍叔、宁戚、隰朋，仁知且不蔽，故能持管仲，而名利福禄与管仲齐；召公、吕望，仁知且不蔽，故能持周公而名利福禄与周公齐。传曰：知贤之谓明，辅贤之谓能。勉之强之，其福必长，此之谓也。"

《韩诗外传》卷七记载，子贡问大臣，孔子曰："齐有鲍叔，郑有子皮。"子贡曰："否。齐有管仲，郑有东里子产。"孔子曰："产，荐也。"子贡曰："然则荐贤贤于贤？"孔子曰："知贤，智也；推贤，仁也；引贤，义也。有此三者，又何加焉！""荐贤贤于贤"，意思是推荐贤才比被推荐者更为贤德。知贤是智，推贤是仁，引贤是义，仁义智三德兼备。

儒行第十二

【原文】

儒有闻善以相告也，见善以相示也，爵位相先也，患难相死也，久相待也，远相致也。其任举有如此者。

【解读】

闻善以相告也，见善以相示也：听到善言善道，必告诉、传授于人；见到善事善业，必展示、昭告于人。

孟子曰："子路，人告之以有过则喜，禹闻善言则拜，大舜有大焉，善与人同，舍己从人，乐取于人以为善。自耕稼陶渔以至为帝，无非取于人者。取诸人以为善，是与人为善者也。故君于莫大乎与人为善。”（《孟子·公孙丑》）子路、舜禹这些美德，都离不开闻善相告、见善相示者。

爵位相先也，患难相死也：爵位面前，礼让为先；患难之时，争相献身。郑注：“相先，犹相让也。”

久相待也，远相致也：朋友久居下位，就等他一起升迁；朋友远离，则引他前来。久，久滞。致，招引。

这是第十二种儒者，最大的特点是好善乐友、情义深重。

儒行第十三

【原文】

儒有澡身而浴德，陈言而伏，静而正之，上弗知也；粗而翘之，又不急为也；不临深而为高，不加少而为多；世治不轻，世乱不沮；同弗与，异弗非也。其特立独行有如此者。

【解读】

澡身而浴德，陈言而伏：以道德沐浴洁身，向君上进言后，退而潜伏不出。比喻不泄于外，归善于君。《正义》：“澡洁其身，不染浊也。沐浴于德，以德自清也。伏者，闭而不出之谓。”陈言，进言。

静而正之，上弗知也：深沉宁静，善于引导，矫正于无形之中，让君上潜移默化地获得启发，明白正理，走上正路。孟子说“唯大人为能格君心之非”，意思是只有大人才能纠正君主的思想错误。“静而正之，上弗知也”，更非大人不可。大人大在思想，更大在人格；大在智慧，更大在道德，故大人的影响比较有力和有效。如果自身道德低下，批评就没有力量，更别说潜移默化影响君上了。熊十力先生说：“静正者，儒者事君，将顺其美，匡救其恶，常在于未形也。”

粗而翘之，又不急为也：国君有大过，必予以指出，但也不操之过急。熊十力先生说：“粗谓大事。若君于大事有过失，必翘举其过，相匡正也。不急为者，当俟几而言，勿激于意气，致成不可挽之势也。此昔儒事君之义。今朋友相与，亦合如此。”

不临深而为高，不加少而为多：不居高临下显示自己的高，不因人多势众凌驾于少数之上，是卑以自牧、谦退礼让的意思。加，如“无故加之而不怒”“我不欲人之加诸我也”之“加”。

世治不轻：世道清明不轻佻。熊十力先生说：“世治，则人情易耽逸乐，忘戒惧。儒者居安思危，当惕厉奋发，深求当世之隐患与偏弊，而思矫之，故云不轻。”郑注：“世治之时，虽与群贤并处，不自轻也。言常自重爱也。”

世乱不沮：世道混乱不沮丧。郑注：“言世乱之时，道虽不行，亦不沮坏已之本志也。”

同弗与，异弗非也：同乎我者未必与之，异乎我者未必非之。非者，非难，非毁。方性夫说：“与其所可与，不必同乎已也。”

特立独行：立身行事，与众不同。熊十力先生说："古者所谓特立独行者，出乎其类，拔乎其萃，不与以来经师之学，解不及此，乃以偏至之行，或曲谨之节，说为特立独行。则其时风众势俱靡。常能包通万有，含弘光大。先天下而开其物、成其务者也。汉狭小亦甚矣。"

这是第十三种儒者，已经为政并位高权重，最大的特点是善于导君、定力强大、识得大体。

儒行第十四

【原文】

儒有上不臣天子，下不事诸侯；慎静而尚宽，强毅以与人，博学以知服。近文章，砥厉廉隅；虽分国，如锱铢，不臣，不仕。其规为有如此者。

【解读】

上不臣天子，下不事诸侯：上不做天子的臣，下不为诸侯做事。

慎静而尚宽，强毅以与人，博学以知服：谨慎宁静而崇尚宽容，刚强坚毅而与人亲近，学识渊博而能够服善。慎静者往往失之于狭隘，故以宽容为贵；强毅者往往失之于孤僻，故以与人为佳；博学者往往失之于自负，故以知服为美。

近文章，砥厉廉隅；虽分国，如锱铢，不臣，不仕：爱好礼乐文章，砥砺磨炼品行，端方正直；即使君上封之以国，也视如锱铢，不肯为臣，不愿入仕。廉隅，棱角，这里指人品行端正。锱铢，古代重量单位，十黍为絫（lěi），十絫为铢，六铢为锱，四锱为两，形容轻微。

其规为有如此者：风规器量。王夫之说："规为，犹器量也。"

这是第十四种儒者，最大的特点是大德大量、不臣不仕。

儒行第十五

【原文】

儒有合志同方，营道同术；并立则乐，相下不厌；久不相见，闻流言不信；其行本方立义；同而进，不同而退。其交友有如此者。

【解读】

合志同方，营道同术：并立则乐，相下不厌：志同道合，经营道义的方法相同，地位相等则欢乐，地位有高下差等也不会厌烦，意味着友谊不因地位的改变而改变。方，道也。《庄子·天下》："天下之治方术者多矣。"成玄英疏："方，道也。自轩顼已下，迄于尧舜，治道艺术方法甚多。”

久不相见，闻流言不信：长久不相见，听到有关朋友的流言不会相信。朋友之间有基本的道德互信。

其行本方立义：他们的行为以道为本，以义自立。本方，以道为本。

同而进，不同而退：政见相同就一起前进，政见不同就主动离去。因为前面已经强调“合志同方，营道同术”，这里的不同便特指政见。熊十力先生说：“政治上主张，友与己同，则进而共行之；友之主张与吾异，则吾宜退而避之。”

这是第十五种儒者，主要介绍他们的交友之道，最大的特点是志同道合、互信互让。

儒行第十六

【原文】

儒有不陨获于贫贱，不充诎于富贵，不慁君王，不累长上，不闵有司。其尊让有如此者。

【解读】

不陨获于贫贱，不充诎于富贵：不因为贫贱而失意忘形，不因为富贵而得意忘形。失意忘形是东海自造词。陨获：窘困失节貌。陨，坠落。获，凋谢。充诎，盈满而失节。郑注："充诎，喜失节之貌。"

不慁君王，不累长上，不闵有司：不侮辱君王，不牵累师长，不刁难官吏。慁，污辱，玷污。

这是第十六种儒者，最大的特点是贫富不移、尊重礼让。

此节结语，旧本在“温良者”一节下，熊十力先生认为“殊不合”，特移到前面来。移得好。我亦从之。

儒行第十七

【原文】

温良者，仁之本也。敬慎者，仁之地也。宽裕者，仁之作也。孙接者，仁之能也。礼节者，仁之貌也。言谈者，仁之文也。歌乐者，仁之和也。分散者，仁之施也。儒皆兼此而有之，犹且不敢言仁也，故曰儒。今众人之命儒也妄，常以儒相诟病。

【解读】

温良者，仁之本也：温和善良，是仁德的根本。温，和也，善也。良，亦善也。

敬慎者，仁之地也：恭敬谨慎，是仁德的基础。敬慎，则心不放，故为仁之地。《诗经·大雅·抑》："敬慎威仪，维民之则。"

宽裕者，仁之作也：宽大包容，是仁德的现用。宽则不迫而恒安，裕则有余而不匮。

孙接者，仁之能也：以谦逊的言辞态度待人接物，是仁德的技能。孔颖达疏："言孙辞接物是仁儒之技能。"孙通"逊"，陆德明释文："孙音逊。"

礼节者，仁之貌也：礼仪规矩，是仁德的形现。貌者，诚中形外也。仁存乎中，其应物现形，温然有节文也。

言谈者，仁之文也：言论谈话，是仁德的文章。《正义》："言语谈说，是仁之文章。"

歌乐者，仁之和也：诗歌音乐，是仁德的和谐。《正义》："诗歌音乐，是仁之和悦。"《论语》："《关雎》乐而不淫，哀而不伤。"

分散者，仁之施也：分财散物，是仁德的施展。《正义》："分散蓄积，而振贫穷，是仁之恩施。"分散，散发、施与。《史记·货殖列传》："十九年之中三致千金，再分散与贫交疏昆弟。此所谓富好行其德者也。"

温良、敬慎、宽裕、孙接、礼节、言谈、歌乐、分散各种美德，无不本之于仁，无非仁德的作用和外化。本经堪称仁本主义美德大全或者仁本主义行为大展。

这么多美德集中在儒门，儒家谦虚，不敢称仁，所以称儒。今人对儒家的看法往往不符合真实，常常拿儒家来辱骂嘲笑。

东海曾经提出“仁本主义三本论”：在道德上以仁为本，在政治上以民为本，在人与物、人与鬼神的关系中以人为本，简称仁本、民本、人本。

在人与物、人与鬼神的关系中，人最重要，居于本位、主位、第一位，此之谓人本。孔子强调：“务民之义，敬鬼神而远之。”《孝经》说：“天地之性人为贵。”孟子说：“君子之于物也，爱之而弗仁；于民也，仁之而弗亲。亲亲而仁民，仁民而爱物。”（《孟子·尽心》）这些都是人本思想的经典依据，也是爱有差等的表现之一。

在政治序列中，民最重要，居于本位、主位、第一位，所谓“民为邦本”，此之谓民本。《孝经》说：“夫孝，德之本也。”有子说：“孝弟也者，其为仁之本与？”东海学舌曰：“夫爱民，政治道德之本也；民也者，其为政之本与？王道之本与？”

人本、民本，统归于仁本。儒家道德元素很多，仁义礼智信，温良恭俭让，包括内圣外王，形上形下，都可以为仁所统摄，此之谓仁本。仁彻上彻下，彻内彻外，于天为道，道体乾元；于人为性，本性良知。性与天道统摄一切。

三本相辅相成、毫无矛盾，就像儒家三统毫无矛盾一样。道统、政统、学统，皆以道统为准。孟子说：“天下之本在国，国之本在家，家之本在身。”借孟子的话，也可以说，万物之本在人，政治之本在民，道德之本在仁。合而言之，仁统摄道德、政治、万物和鬼神，为人天大本。

儒行第十八

【原文】

孔子至舍，哀公馆之，闻此言也，言加信，行加义，“终没吾世，不敢以儒为戏”。

【解读】

自孔子归鲁，鲁哀公招待他住在公馆里，听到这番言论后，鲁哀公说话融入了诚信，行为更加合理，并说“终我一生不敢拿儒者开玩笑”。

本经列举的十六种儒行，显晦有异，表现不一，境界高低不同，但都各有风采。道德最高者不愧为圣贤；个别境界略低，亦不失为正人，如第五种儒者，虽然有些莽撞，但那种见利思义、当仁不让、勇往直前、宁死不屈的精神，颇有豪杰之气，远非一般人和外道人士所能望尘。

对这些儒者，正人和正常人敬佩、赞扬、学习都来不及。然而，有些人不仅以儒为戏，而且以儒为贼，以儒为敌，不遗余力地反对、诋毁。希望越来越多的人在学习了《儒行》之后，也能够像鲁哀公一样，“言加信，行加义”，至少不再语言轻薄，以儒为戏。

《儒行》原文

鲁哀公问于孔子曰："夫子之服，其儒服与？"孔子对曰："丘少居鲁，衣逢掖之衣。长居宋，冠章甫之冠。丘闻之也：君子之学也博，其服也乡。丘不知儒服。"哀公曰："敢问儒行。"孔子对曰："遽数之，不能终其物。悉数之乃留，更仆未可终也。"

哀公命席。孔子侍曰：儒有席上之珍以待聘，夙夜强学以待问，怀忠信以待举，力行以待取。其自立有如此者。

儒有衣冠中，动作慎；其大让如慢，小让如伪，大则如威，小则如愧，其难进而易退也，粥粥若无能也。其容貌有如此者。

儒有居处齐难，其坐起恭敬，言必先信，行必中正，道涂不争险易之利，冬夏不争阴阳之和，爱其死以有待也，养其身以有为也。其备豫有如此者。

儒有不宝金玉，而忠信以为宝；不祈土地，立义以为土地；不祈多积，多文以为富；难得而易禄也，易禄而难畜也。非时不见，不亦难得乎？非义不合，不亦难畜乎？先劳而后禄，不亦易禄乎？其近人有如此者。

儒有委之以货财，淹之以乐好，见利不亏其义；劫之以众，沮之以兵，见死不更其守；鸷虫攫搏，不程勇者；引重鼎，不程其力；往者不悔，来者不豫；过言不再，流言不极；不断其威，不习其谋。其特立有如此者。

儒有可亲而不可劫也，可近而不可迫也，可杀而不可辱也。其居处不淫，其饮食不溽，其过失可微辨而不可面数也。其刚毅有如此者。

儒有忠信以为甲胄，礼义以为干橹；戴仁而行，抱义而处；虽有暴政，不更其所。其自立有如此者。

儒有一亩之宫，环堵之室，筚门圭窬，蓬户瓮牖；易衣而出，并日而食。上答之，不敢以疑；上不答，不敢以谄。其仕有如此者。

儒有今人与居，古人与稽；今世行之，后世以为楷。适弗逢世，上弗援，下弗推，谗谄之民，有比党而危之者。身可危也，而志不可夺也；虽危，起居竟信其志，犹将不忘百姓之病也。其忧思有如此者。

儒有博学而不穷，笃行而不倦，幽居而不淫，上通而不困；礼之以，和为贵，忠信之美，优游之法；举贤而容众，毁方而瓦合。其宽裕有如此者。

儒有内称不辟亲，外举不辟怨；程功积事，推贤而进达之，不望其报；君得其志，苟利国家，不求富贵。其举贤援能有如此者。

儒有闻善以相告也，见善以相示也，爵位相先也，患难相死也，久相待也，远相致也。其任举有如此者。

儒有澡身而浴德，陈言而伏，静而正之，上弗知也；粗而翘之，又不急为也；不临深而为高，不加少而为多；世治不轻，世乱不沮；同弗与，异弗非也。其特立独行有如此者。

儒有上不臣天子，下不事诸侯；慎静而尚宽，强毅以与人，博学以知服。近文章，砥厉廉隅；虽分国，如锱铢，不臣，不仕。其规为有如此者。

儒有合志同方，营道同术；并立则乐，相下不厌；久不相见，闻流言不信；其行本方立义；同而进，不同而退。其交友有如此者。

儒有不陨获于贫贱，不充诎于富贵，不慁君王，不累长上，不闵有司。其尊让有如此者。

温良者，仁之本也。敬慎者，仁之地也。宽裕者，仁之作也。孙接者，仁之能也。礼节者，仁之貌也。言谈者，仁之文也。歌乐者，仁之和也。分散者，仁之施也。儒皆兼此而有之，犹且不敢言仁也，故曰儒。今众人之命儒也妄，常以儒相诟病。

孔子至舍，哀公馆之，闻此言也，言加信，行加义，“终没吾世，不敢以儒为戏”。